KB215597

글쓰기로 먹고살 수 있나요?

글쓰기로 먹고살 수 있나요?

초판 1쇄 발행 2025년 5월 30일

지은이	김소라
편집인	옥기종
발행인	송현옥
펴낸곳	도서출판 더블:엔
등 록	2011년 3월 16일 제2011-000014호
주 소	서울시 강서구 마곡서1로 132, 301-901
전 화	070_4306_9802
팩 스	0505_137_7474
이메일	double_en@naver.com
ISBN	979-11-93653-36-4 (03320)

글쓰기로 먹고살 수 있나요?

김소라 지음

더블:엔

이 책을 만들며   - 시, 노래, 영화 제목은 〈 〉 약물로 표현하였고,
            - 도서는 《 》 약물을 썼습니다.

프롤로그

밥벌이로서의 글쓰기

대학 진학 시 국어국문학과를 선택한 이유는 단순했다. 마음
껏 소설을 읽고 싶었기 때문이다. 이 마음은 지금도 변치 않
았다. 국문과는 내 취향에 잘 맞을 것 같았지만 대학에서의
공부는 문학작품을 분석하고 비평하는 시간이 많았다. 게다
가 소설가나 시인이 되고 싶은 마음도 없었던 나는 문예 창작
과 관련한 과목은 멀리했다. 국문과를 졸업했다고 해서 모두
가 글을 쓰는 것은 아니다. 종종 "전공을 살려 글쓰는 일을 하
시는군요"라는 말을 듣지만 사실과 다르다. 대학 시절에는 창
의적인 글을 써본 적도 없고, 글쓰기를 직업으로 삼고 싶다는

생각조차 하지 않았다. 나는 단지 소설 읽는 것만 좋아했을 뿐이다. 그런데 어쩌다 보니 뒤늦게 글쓰는 재미를 알게 되었고, 자연스럽게 글로 생계를 이어가고 있다.

대학 1학년 논술 채점 아르바이트를 시작으로 하여 '글쓰기로 먹고사는' 일을 28년째 하고 있다. 원고청탁, 구술 기록, 블로그 체험단, 시민기자, 대필작가, 공모전, 자소서, 탄원서, 인터뷰, 글쓰기 관련 강의 등 분야를 가리지 않고 글을 쓰면서 살아가고 있다. 사람들로부터 "어떻게 글쓰기를 시작하셨나요?"라는 질문을 자주 받는다. 첫 원고료는 얼마였는지, 책을 쓰면 얼마나 버는지, 어떻게 일이 연결되는지 등에 관한 질문도 덩달아 이어진다. 글쓰기가 노동이 되고, 글값을 노동의 대가로 받을 수 있다는 것이 신기한 일인 듯 되묻는다. "그런 일을 어떻게 하게 되었는지 궁금해요!"

그동안 글쓰기로 삶을 이어온 과정을 촘촘하게 살펴보니 단한 번도 똑같은 일을 하지 않았다는 것이 경이롭다. 새로운 관점을 글에 담아야 하고, 새로운 대상을 써야 하며, 새로운 일을 진행해 나가야 한다. 그 속에서 물론 불안함도 있었지만 그만둘 수 없었던 이유는 온전히 나만의 길을 스스로 열어간다는 느낌 때문이었다. 시작할 때는 막막하고 앞이 보이지 않다가도 글을 쓰다 보면 앞으로 나아갈 힘이 생긴다. 그러다 또 다른 세계를 만나게 된다. 나는 어느 누구에게도 고용되지 않은 프리랜서 작가다. 고정 월급을 받으면서 일한 적이 없기 때문에 매번 다른 사람들과 협업하고, 프로젝트를 진행한다. 혹은 혼자서 기획하여 시작부터 완성까지 만들어낼 때도 있다. 프리랜서 작가라는 정체성은 꽤나 근사해 보일 때도 있다.

매일 출퇴근을 하지 않으니 지옥철에 시달릴 일도 없고, 내가 원하는 시간을 자유롭게 쓸 수 있는 장점이 있다. 기업이나 조직에 몸담고 있지 않은 독립적인 개인사업자라서 원하는 만큼만 일할 수 있다. 그렇지만 대한민국 프리랜서가 지급받는 보수는 정규직보다 훨씬 낮다는 통계가 있다. 종종, 가끔씩, 때때로 일이 들어오는 경우에는 상황이 더욱 좋지 않다. 글을 쓰고 나서 돈을 받는 형태의 일이라서 기본급 같은 건 당연히 없다.

가장 큰 장점은 나의 생체 리듬을 존중하면서 일할 수 있다는 점이 아닐까. 아침잠이 많은 나는 9시 정시 출근을 하는 회사를 다녀본 적이 없다. 직장 상사와 동료들과의 불화 등을 마주

할 일이 없다. 가끔 직장 생활의 애환을 담은 오피스 드라마 〈미생〉이나 〈대행사〉 같은 드라마의 스토리를 실제로 겪어보고 싶기도 하지만, 앞으로도 그럴 일은 없을 것 같다. 동료들과의 회의도 없으며, 제출해야 할 보고서도 없고, 사내 규율을 따라야 하는 것도 없다. 물론 점심시간, 퇴근시간도 따로 없다. 언제 어디서든 내 노트북만 펼치면 일할 수 있기 때문에 이동의 자유로움도 만끽한다. 아침에 책상에 앉을 때도 있고, 영 글이 안 풀릴 때면 인근 카페나 도서관으로 이동한다. 그렇지 않다면 아예 '오늘은 제껴버리자!' 하고 노트북을 덮을 때도 있다. 물론 항상 이렇게 좋은 점만 있는 건 아니다. 어떤 일이든 밝음과 어둠이 공존한다.

그나마 다행인 것은 항상 끝이 기다린다는 사실이다. 내 마음 속에는 '끝은 항상 좋았지' 라는 신념이 자리잡고 있다. 분명 몸과 마음은 소진되고 기력이 쇠한다는 느낌이 들지만 그것을 꾸역꾸역 견뎌나가는 힘 또한 내 안에 있다. 손가락 하나 까딱하지 못할 정도로 지쳐버릴 때도 있었지만 계속 쓰고 싶었다. 정말 뭐라도 쓰고 싶어서 안달이 난 사람처럼 짬짬이 쓰는 일을 반복했다. 쓰지 않으면 나 자신이 사라져버릴 것 같았다. 혹시라도 운 좋게 들어온 일을 거절할 경우 누구도 나를 찾지 않을 것 같은 초조함도 있었다. 아이가 있는 프리랜서 작가의 현실적인 삶은 녹록치 않다. 아이가 영유아기를 거쳐 초등학교 고학년 정도 되어 제법 클 때까지 이러한 삶은 지속되었다. 자유로운 시간에 홀가분하게 노트북을 들고, 재즈음악이 흐르는 카페에서 진한 라떼 한 잔 시켜 놓고 여유로운 구상을 하면서 글을 쓰는 삶은 쉽게 만들어지지 않았다. 언제일지 모를 멀고 아득한 시간을 생각하면 숨이 막힐 정도였지만 글쓰는 일은 멈출 수 없었다.

여성학·평화학 연구자인 정희진 작가는 엄마이자 페미니스트이며 강연가이다. 나 역시 아이를 낳고 글쓰는 일을 하면서 작가의 책이 큰 위로가 되었다. 여성 가장으로서 어떤 삶을 살면서 밥벌이를 하는지 낱낱이 자신의 삶을 공개한 현실적인 이야기는 고스란히 와닿았다. 강연에서 그간 겪었던 고충과 조언, 작가로서 사는 삶에 대해 솔직하고 털털하게 보여주기도 했다. 베스트셀러 작가라 해도 부유하거나 여유로운 경우는 많지 않다. 수십 권의 책을 내고 강연을 이어나가는 정희진 작가도 그러한데, 아등바등 생계를 겨우 유지하는 프리랜서 작가인 나는 오죽할까. 글만 써서 먹고살 수 없다는 게 현실의 답이다. 그럼에도 계속 글을 쓰고, 작가의 삶을 놓을 수가 없다. 글쓰기를 좋아하니까 글을 쓰게 되었고, 그러다가 글쓰기로 밥벌이를 하면서 먹고살게 되었다. 무엇이 먼저인지 이제는 기억이 흐릿해졌다. 좋아서 쓰는 것도 사실이지만, 경제 활동을 하면서 일을 이어나갈 수 있기에 이제는 글쓰는 것을 그만둘 수 없을 만큼 삶의 큰 부분이 되어버렸다.

한동안 인기를 끌었던 요리 서바이벌 프로그램 〈흑백요리사〉를 흥미롭게 보았다. 미국에서도 성공한 에드워드 리 같은 세계적 셰프가 심사위원이 아닌 참가자 자격으로 모습을 드러낸 것도 신선했다. 에드워드 리는 "실험적인 일을 할 때 다 성공하지 않길 바라요. 그러면 재미없을 거예요. 실험을 하는 이유는 어떤 게 잘 안 되는지 보기 위한 것도 있으니까요. 내가 뭘 원하는지 알 수 있는 유일한 방법은 원하지 않는 것에 대해 알아가는 거예요" 라고 말했다. 자신의 여정을 오랫동안 걸어간 사람들은 끊임없이 실패하며 시도했던 사람들이다. 자신의 일을 진정성 있게 이어나가면서 10년, 20년 아니 그 이상 몰두했던 사람이기에 고유함을 갖게 되는 것이다.

진정한 요리 예술가는 고객이 레스토랑에 들어오는 순간부터 요리를 고르고 즐기는 방법과 요리를 바라보고 먹는 모든 과정까지 하나의 틀을 만들어주는 사람이라고 할 수 있다. 글도 어찌 보면 섬세하게 구조화된 '파인 다이닝' 요리라고 할 수 있으며, 글을 쓰는 작가는 요리를 내놓는 셰프라 할 수 있다. 그동안 나의 삶과 일을 융합하고, 사람과의 만남을 글과 연결시켰던 작업은 모두 고유함과 개성을 다듬어 나가는 일이었다.

쓰기를 포기하지 않고, 글쓰기로 먹고사는 일을 계속하겠다는 결심을 저버리지 않는 한 작가로서의 삶은 지속된다. 적든 많든 원고료 및 여러 가지 형태의 글값을 받는다. 보잘것없는 문장도 쓰다 보면 조금씩 좋아지고, 클라이언트에게서 괜찮다는 피드백을 받기도 한다. 그러면 또 일이 들어오게 되어 글을 쓰고, 작업 후 통장에 입금이 된다. 근사한 작업실을 가진 작가는 아닐지 몰라도 글을 써서 밥벌이를 하는 작가의 정체성을 영위할 수 있다는 것만으로도 감사하다.

나는 시민기자, 객원기자, 인터뷰어, 대필작가, 독립출판물 제작, 글쓰기 강사, 논술 선생, 한국어 교사 등의 일을 하면서 글을 계속 썼다. 돈 받고 글을 쓰기도 하지만, 짬짬이 내가 쓰고 싶은 글을 써내려갔다. 시간이 지난 후에 알게 된 것이 있다. 글을 쓰는 순간만이 작가의 삶이 아니란 사실이다. 글쓰기와 상관없어 보이는 일도 글쓰기의 일부라는 것을. 보고 듣고 느끼고 노동하고 생각하는 일 전부 작가의 일이다. 글쓰기는 나를 관통한 경험을 재해석하고 재구성하는 과정이었다.

이 책의 〈1부〉는 글쓰기의 시작과 수입, 일을 제안 받는 경로에 대해 적었다. 인세와 원고료 등 다양한 글의 수입을 얻게 된 과정의 기쁨과 슬픔을 떠올렸다. 〈2부〉는 다양한 글쓰기 작업과 클라이언트, 에피소드 등을 정리해 보았다. 〈3부〉는 글쓰기에서 더 나아가 다양한 창조적인 작업의 결과물을 만들어낸 이야기를 썼다. 글쓰기 외에도 여러 가지 창의적이고 재미난 작업을 했다. 팟캐스트 제작, 인터뷰 모임 꾸리기, 질문카드 만들기, 방송 출연, 동영상 강의 촬영 등 의외의 일로 연결되었다. 이 모든 일들은 나의 삶에 변화를 가져오는 것들이었고, 성장을 위한 배움이 되었다.

다른 글쓰기 책과 달리 이 책은 철저히 돈이 되는 글쓰기, 생존형 글쓰기를 죽기 살기로 했던 경험담을 담았다. 스물여덟 해 동안 다양한 글쓰기로 업을 이어가면서 작가로서의 정체성을 유지하기 위해 살아온 삶의 흔적들이다. 나는 필력이 뛰어나거나 팔로워가 많은 인플루언서 작가는 아니다. 그럼에도 불구하고 그동안의 글쓰기 업력이 누군가에게 도움이 될 수 있지 않을까 생각한다. 누구나 글을 쓸 수 있는 시대가 되었지만 글쓰기를 취미 이상으로 직업의 영역으로 이어가면서 생계를 영위하는 것은 여전히 소수이다. 이쪽 세계에 발을 담그고 살다 보니 '시장은 넓고, 사람은 없다'는 걸 알게 된다. 글의 분야는 셀 수 없이 많아지고, 장르도 촘촘하고 방대해졌다. 얼마든지 자신만의 영역을 찾아내 글쓰기를 하나의 커리어로 만들어갈 수 있다.

돈이 되는 글쓰기를 통해 단순히 생계를 이어온 것이 아니라, 삶의 의미를 찾고, 나 자신을 발견하는 여정을 걸어왔다. 글쓰기를 통해 꿈꾸는 삶을 이루는 데 이 책이 작은 도움이 되면 좋겠다. 우리는 모두 각자의 이야기를 가지고 있고, 세상 어딘가에는 나의 글을 필요로 한다. 글쓰기의 세계는 무한한 가능성으로 가득 차 있기에.

"오직 글쓰기만이 두 번째 삶이라는 기회를 준다."

나탈리 골드버그

차 례

2부 • 글로 남긴 많은 흔적들

3부 • 글쓰기라는 창조적인 노동에 대하여

1부 •

글쓰기와 함께 새로운 삶의 장이 펼쳐지다

글이 과연 돈이 될 수 있을까

아버지에게 평소보다 많은 금액의 용돈을 송금해드렸다.

얼마 전 계약한 책의 계약금 전액이었기에 다른 어떤 용돈보다도 의미있는 돈이라고 생각한다. 단순한 액수를 떠나 통장에 입금된 내역을 보고 흐뭇했다. 나의 글값으로 부모님께 효도를 할 수 있다니.

글을 써서 모은 돈과 마음은 다른 어떤 일보다 순결하다고 믿는다. 내 삶에서 글감을 찾아 글을 쓰고, 나의 글을 필요로 하는 곳과 물질적 재화로 교환했다는 것은 놀랍고도 감사한 일이다.

오랫동안 부모님은 작가가 된 나를 보고도 못미더워하셨다. 책 팔아서 얼마나 버냐면서 다른 일을 할 것을 권하기도 했다. 교직이나 공무원 같은 노후가 보장되는 일이나 최소한 4대 보험이 되는 직장을 가는 것이 가장 좋은 길이라 여기셨다. 산업화 시대의 가치관을 여전히 신앙처럼 붙들고 있기 때문에, 불안정해 보이는 작가의 삶을 이해하기 어려워하시는 건 당연하다. 평생 육체노동으로 살아오신 분들이기에, 출퇴근하지 않고 누군가의 구속 없이 글로 돈을 번다는 것이 쉽게 이해되지 않으셨을 것이다. 그러다 보니 서점에 내 책이 놓여 있어도 그저 팔리지 않는 물건처럼 느끼셨을지도 모른다.

그래서 이번에는 '인세'라는 사실을 강조하며 용돈을 보내드리기로 했다. 작가가 저작권료를 받는 것과 같다고 설명을 덧붙였다.

"아빠, 이건 책 인세로 들어온 돈이야. 그러니까 내 책이 2,000권 이상 팔렸다는 뜻이야!" 이렇게 기쁜 마음으로 전했는데 아버지는, "아니 인세가 고작 그것밖에 안 되는 거냐?"며 실망스러워하셨다. 책을 내서 돈을 벌려면 밀리언셀러쯤 되어야 한다는 사실을 알지 못하므로 이런 반응은 당연하다. 평생 책 한 권 사신 적 없는 부모님이 딸의 인세를 적다고 여기시는 모습이 조금 씁쓸했다. 출판 시장이나 서점 유통의 현실을 설명할 수도 없고, 여전히 부모님께는 월급과 퇴직금, 연금이 있는 삶이 더 안정적으로 보이는 듯했다. 어쩌면 부모님이 자식에게 바라는 그런 삶은 영원히 오지 않을지도 모르겠다.

그러나 나는 인세가 들어왔을 때 부모님께 드리는 용돈이 그 어느 때보다 특별하다. 나에게는 열 배, 스무 배 이상의 가치를 지닌 돈이다. 단순히 시간과 맞바꾼 노동의 대가가 아니라, 삶의 한 조각을 오롯이 써내려간 결과물이기 때문이다. 다른 이에게는 농사를 짓거나 벽돌을 쌓는 것이 더 값진 일일지 모르지만, 글로써 얻은 이 소득은 내 본성과 가장 잘 맞는 길에서 얻은 작은 결실이다.

얼마 전 넷플릭스 추천 영화로 올라온 〈더 웨일〉을 보았다. 처음엔 호기심을 자극하는 광고 때문에 클릭하여 보게 되었지만, 마지막에는 눈물이 멈추지 않을 정도로 감동이 컸다. 아카데미 수상작인 이 영화는 270kg 거구의 대학 에세이 강사 '찰리'가 주인공이다. 찰리는 병든 몸 때문에 휠체어에 의지한 채 살면서, 외부 활동은 하지 않는다. 대학의 온라인 글쓰기 수업을 하는 강사인데, 절대 자신의 얼굴은 학생들이 볼 수 없도록 차단한 채로 수업한다. 영화 전반부에서 내내 불편하게만 보이는 찰리의 외모는 그의 지난 생애를 이해한 이후부터 측은함으로 바뀌었다. 그리고 이야기에 완전히 빠져들었다.

특히, 마지막 수업에서 찰리가 학생들에게 자신의 모습을 공개하고 난 후 "진실을 마주하라"고 외치며 노트북을 집어 던지는 장면이 가슴에 남았다. 자신을 숨기지 말고 글을 통해 진실한 나를 마주하라는 그의 외침은 깊이 다가왔다. 겉보기엔 희망이 없는 인생이었지만, 찰리가 끝까지 놓지 않은 게 있었다. 딸이 여덟 살에 썼던 에세이를 머리맡에 두고 수없이 읽으며 기억할 정도로 그는 딸을 사랑했다.

진실한 삶에서 나온 진실한 글이라고 해서 모든 이가 극찬하는 것은 아니다. 시장에서의 가치는 형편없고, 때로는 어느 누구에게도 이해받지 못하는 글도 있다.

이 영화를 보면서 과연 인생에서 가까이 다가가고 싶은 지점은 어디쯤인지 생각해보았다. 나는 단순히 물질적 측면을 넘어 글을 통해 채우고 싶은 내적인 갈망이 컸다. 인세가 적고, 원고료가 별 볼일 없고, 유명하지 않더라도 글쓰기는 내 삶을 살아가는 방식이다. 많은 사람들이 인정해주지 않아도, 수익이 많지 않더라도 글을 통해 자신을 마주하고, 나의 이야기를 세상에 남길 수 있다. 내 글이 누군가의 기억에 남지 않을 수도 있고, 시간이 지나면 잊혀질 수도 있지만, 이 글을 쓰는 순간만큼은 나의 삶이 선명하게 드러난다. 글은 세상에 남길 수 있는 작은 흔적이며 더 나아가 자기(自己)를 실현하는 일이 된다.

부모님께 보내드린 인세는 그저 숫자로만 보일 수도 있지만, 그 뒤에는 나의 꿈과 열정, 나만의 삶의 방식이 있다. 언제나 끝없는 미지의 세계를 향해 나아가듯이, 나는 오늘도 나만의 방식으로 무언가를 끄적이면서 살아가고 있다.

글쓰기는 내가 삶을 살아가는 방식이다.
내 인생에서 영원히 가까이 하고 싶은 단 한 가지 행위가 있다면
당연히 글쓰기다.
인세가 적고, 원고료가 많지 않으며, 유명하지도 않지만
여전히, 꾸준히, 지속적으로 글쓰기로 먹고살고 있다.

어떻게 글쓰기를 시작했나요?

    글과 관련된 일을 처음 한 것은 스무 살 무렵이었다. 국어국문과 학생이 할 수 있는 꽤 괜찮은 아르바이트가 바로 논술 첨삭이었다. 고등학생의 논술 시험지를 채점하는 일이었는데, 빨간 펜을 이용하여 교정부호로 원고지에 쓴 글을 첨삭했다. 점수를 매기고, 총평을 써 주었다. 논술 첨삭 아르바이트는 나름 짭짤한 수입이 되었고, 대학 1학년부터 결혼 후 아이를 낳을 때까지 십 년간 끊임없이 일할 수 있었다. 중간에 일을 줄이거나 잠깐 쉰 적은 있었지만 완전히 그만둔 적은 없다. 오랫동안 하다 보니 도가 텄는지 고등학생의 논술 시험지를 재빨리 읽고, 첨삭하고, 총평을 쓰는 일을 기계적으로 하게 되었다. 한 회사와 계속 했던 일이라서 그런지 익숙하고 편했다. 내 글을 완성도 있게 쓰는 작업은 아니었기에 집, 카페, 도서관, 휴게실 등 어디에서든 일을 할 수 있다는 장점도 있었다. 일의 자유로운 환경을 중요시했던 나의 성격상 최적화된 일이었다.

스무 살부터 지금껏 출근하고 퇴근하는 일을 평생 해보지 못했다. 계약을 맺어 프로젝트로 일을 진행하고, 일이 끝나면 새로운 작업을 구상했다. 언제나 자유로운 삶을 갈망하면서 살았기에 본격적으로 작가로 살게 되었을 때 알 수 없는 희열을 느끼곤 했다. 남의 글을 고치기도 하고, 여러 자료들을 편집하는 일도 하고, 언론사에 기고하는 일도 했다. 대단한 창작은 아닐지라도 글을 써서 먹고사는 일은 나다운 삶이었다.

"언제 작가의 꿈을 꾸게 되셨나요?"라는 질문을 받을 때면, 스무 살에 처음 떠난 해외여행이었던 '러시아'가 떠오른다. 여행 기간 내내 함께 갔던 선교팀의 활동을 일거수 일투족 기록하는 것이 나의 역할이었다. 누구를 만나 어떤 일을 진행했고, 어디서 먹고 마시고 잠을 잤는지 등의 에피소드를 빼놓지 않고 글로 적었다. 3~4일 동안 모스크바 횡단 열차를 타고 다른 도시로 이동할 때에도 끊임없이 글을 썼다. 나에게 주어진 막중한 책임감 및 사명감도 있었지만 쓰는 재미가 굉장했다. 이미 지나버린 과거를 나의 언어로 재창조하는 듯한 기분이었다.

여행이 끝난 후 한국에 돌아와서 직접 인쇄를 하고, 소책자로 만들어서 많은 사람들에게 배포했는데 나름 좋은 피드백을 받았다. 지금도 책장 깊숙이 《그제뚜알렛?》(화장실 어디에요? 라는 뜻)이라는 제목의 작은 책을 간직하고 있다. 여행작가라는 꿈을 씨앗처럼 품게 된 것은 어쩌면 그때부터였는지도 모른다.

이십 년 후에는 《사이판 한 달 살기》《바람의 끝에서 마주보다》와 같은 여행책을 진짜로 쓰게 되었다.

사실 본격적으로 글쓰기에 대한 강렬한 열망을 간직하고 살았던 건 아이를 낳은 이후였다. 2005년 '맘스 다이어리'라는 사이트에 육아일기를 올리기 시작하면서부터 다시금 하루하루를 기록하는 일을 하게 되었다. 100일을 채우면 사이트에서 사진북을 무료로 만들어준다고 해서 하루도 빼지 않고 육아일기를 썼다. 아이가 돌이 될 때까지 세 권의 육아일기를 만들었으니 지독히 열심이었다. 아이에 대한 애정 없이는 절대 나오지 못하는 글이었다. 사랑하는 대상에 대한 따뜻한 시선이 묻어났다. 꼬물꼬물한 생명이 어느 날부터 내 곁에 존재하면서 근원적인 외로움이 해소된 느낌이었다. 사랑에서 나온 글은 나를 보듬어주었다. 육아의 고됨을 견딜 수 있게 해준 것도 맘스 다이어리 육아일기였다.

육아일기가 하나의 계기가 되어 글쓰기의 재미를 톡톡히 알게 되었으니 괜찮은 습관이 만들어진 셈이다. 세심하게 삶을 관찰하고, 내 마음을 들여다보는 글을 쓰며 위안을 받았다. 대가를 얻기 위한 글이 아니라 가장 행복하고 신나게 글을 썼던 시기가 바로 그때였다.

그후 여러 포털에서 블로그를 만들어 글을 써나갔다. 주로 책과 영화 리뷰, 여행 이야기를 썼는데 당시 '네이버 오늘의 책'에 자주 선정되었다. '오늘의 책' 서평으로 뽑히면 도서상품권 3만원도 지급되었으니, 쏠쏠한 글쓰기였다. 그 다음에는 한두 해 네이버 파워 블로그로 선정되었으며, 검색에 잘 노출되는 블로그가 되니 많은 광고와 협찬이 들어오기 시작했다. 공연티켓, 맛집, 카페, 의류, 안경, 피부과, 미용실, 캠핑장, 펜션 등의 이용권을 받으면서 재밌게 체험을 하러 다녔다. 지금은 블로그 글이 죄다 챗GPT가 쓴 것 같은 광고성 내용이 많지만 당시에는 그렇지 않았다. 아이가 어렸고, 육아를 하던 시기라서 빠듯한 살림에 적지 않은 도움이 되었다. 달콤한 제안이 이어지면서 쉽고 빠르게 돈도 벌고, 나의 인기도 높아질 수 있는 일은 너무 재밌었다. 계속 광고나 홍보 글만 써도 문제없다고 여겼다.

그런데 그 일을 그만두게 된 결정적 계기가 있었다. 바로 의료법 위반에 대한 사항이었다. 병원을 홍보하기 위해 글을 써서 올리는 건 불법이라는 것을 그때서야 알게 된 것이다. 법적인 제재를 당한 것은 아니었지만 정신이 번쩍 들었다. 불법적인 일을 하면서까지 블로그 홍보 글을 쓸 수는 없었다. 게다가 광고를 위한 글을 계속 쓰다 보니 나의 글쓰기 실력이 점점 후퇴하고 있음을 느꼈다. 글의 영감은 고갈되고, 자연스레 영혼없는 글을 쓰게 되었다. 나 자신을 소모하는 일은 더이상 하고 싶지 않았다.

육아일기를 썼던 그 느낌을 회복하기 위해 다시 순수한 내면을 들여다보는 글을 쓰기 시작했다. 〈좋은생각〉과 같은 잡지에 글을 기고하면서, 돈을 벌 수는 없었지만 내적인 즐거움이 다시금 차오르기 시작했다.

그 중에서 재미를 느끼며 꾸준히 썼던 글은 서평이었다. 지속적으로 그림책 및 문학 서평을 썼기 때문에 이후《그림책은 재밌다》《엄마의 그림책》과 같은 책을 출간할 수 있었다. 나만의 전문성도 쌓이면서 온라인 카페에 서평 쓰기 노하우 등을 정리하여 공유하기도 했고, 그림책 토론 및 그림책 에세이 쓰기 같은 모임을 운영하기도 했다. 2011년부터 100일 글쓰기 습관 만들기 프로젝트를 꾸준히 하면서 추후에는 관련 강의도 이어갈 수 있게 되었다.

글의 세계에 발을 들여놓으면서 즐거웠던 건 나의 세계를 만드는 일이었다. 글을 쓰다 보면 점차 실력이 늘기 마련이고 하고 싶은 말이 넘쳐나게 된다. 도무지 완성될 것 같지 않던 첫 문장이 묵직한 분량으로 늘어갈 때 그것 자체가 주는 안도감이 있다. 어떤 장르의 글이든 글을 쓰는 건 스스로 창조한 세계에서 단단한 인간이 되어가는 일이었다.

언제나 자유로운 삶을 갈망했기에
본격적으로 작가로 살게 되었을 때 알 수 없는 희열을 느끼곤 했다.
남의 글을 고치기도 하고, 여러 자료들을 편집하는 일도 하고,
언론사에 기고하는 일도 했다.
대단한 창작은 아닐지라도 글을 써서 먹고사는 일은 나다운 삶이었다.

글쓰기에 점점 흥미를 느끼던 무렵, 나는 수원시에서 운영하는 시민기자 제도에 참여하게 되었다. 기사를 쓰고 2만 원의 원고료를 받을 수 있다는 점도 매력적이었다. (수년 전부터 시민기자의 원고료가 4만 원으로 올랐다. 원고료가 두 배 인상된 이유는 물가상승률 및 글에 대한 가치를 인정해주는 사회적 분위기 덕분이다.)

누군가에게는 글을 쓰고 2만 원 받는 일이 크게 와닿지 않을 수도 있다. 번거로운 데다 신경써야 할 것들이 한두 가지가 아니기 때문이다. 기사를 쓰려면 자료를 조사하고, 현장을 취재하고, 행사에 참여해야 한다. 돌아와서 글을 작성한 뒤 홈페이지에 올려야 하는 이 모든 과정이 번거롭고 복잡하게 느껴질 수도 있다. 사진을 첨부해야 하기 때문에 촬영은 필수인 데다, 초기에는 휴대폰 화질이 좋지 않아 디지털 카메라를 들고 다녀야 했다. 기자의 기본 소품인 수첩, 펜, 카메라를 챙기며 늘 눈과 귀를 열어 기사거리를 찾았다. 평범한 내가 지역 소식을 기사로 쓰고 세상에 알릴 수 있다는 사실이 신기하면서도 설레었다.

시민기자 활동을 하는 엄마 때문에 아이는 수원시 전역에서 열리는 행사에 반강제로 참여할 수밖에 없었다. 유치원, 초등학교 다니던 아이는 학원 대신 온갖 체험학습을 하면서 시간을 보냈다. 지금은 군대 간 아들이 "엄마 덕에 경험을 많이 했어. 정말 안 가본 데가 없을 정도였잖아" 라고 말한다. 도서관, 박물관의 전시를 보고 담당자를 인터뷰하고, 교육 프로그램에 참여했다.

이외에도 예술의전당, 전통시장, 환경기관, 어린이공원, 가족건강지원센터, 체육센터 및 경기장, 예술 공방, 평생학습관, 산과 하천, 청소년 기관 등 구석구석 돌아다녔다. 이 과정에서 시가 보유한 다양한 기관과 그들이 수행하는 역할에 대해 자연스럽게 이해하게 되었고, 정치적인 이슈에도 관심을 갖게 되었다.

시민기자 활동은 단순히 기사를 쓰는 일을 넘어 내가 사는 지역을 깊이 알게 하고, 그곳에 대한 애정을 키우는 계기가 되었다.

처음 시민기자 활동을 시작했던 2012년부터 지금까지 쉼 없이 기사를 쓰고 있다. 이렇게 오랫동안 하게 될지 몰랐지만, 그때는 어떤 글이든 쓰고 싶어서 몸이 근질거렸다. 나의 글을 세상에 전할 방법을 찾고 있었고, 그런 면에서 시민기자 제도는 꼭 맞는 기회였다.

어떤 일을 10년 넘게 지속할 수 있다는 것은 단순한 흥미를 넘어,

내적 동기와 외적 동기가 어우러진 결과다. 성장 욕구가 강한 나의 기질상 맞는 일이었다.

시민기자가 되고 두 번째 해부터 우수기자상 및 으뜸기자상도 받았다. 시장님 앞에서 표창장을 받고 커다란 상패도 받았다. 기자증과 명함도 받으니 아주 그럴듯했다. 그 과정에서 만난 사람들과 맺은 인연은 지금까지 씨줄 날줄로 이어져 활동 영역이 확대되고 재미가 커졌다. 거기다가 나에게 계속 일거리를 가져다주는 사람들도 생겼다. 글쓰는 사람으로서의 정체성이 생기니, 나 스스로 기자라고 불리는 일에 어색함이 사라졌다.

그동안 작성한 기사를 돌아보니 총 2,500건에 달한다. 오마이뉴스와 경기도청 소식지에서도 시민기자로 활동하며 글을 기고했고, 시·도 산하기관이나 재단 소식지에도 꾸준히 글을 썼다. 특히, 관련 이슈를 취재하거나 인터뷰를 통해 완성한 기사도 점차 늘어났다. 평균적으로 한 편의 글은 약 4,000자(A4 용지 1.5페이지 분량)였고, 지금까지 대략 3,000건의 글을 썼다고 계산하면 총 1,200만 자에 달한다. 이를 A4 100장이 책 한 권 분량이라고 가정하면 무려 45권의 책을 만들 수 있는 양이다. 원고료로 따지면 한 건당 4만 원씩 받았을 때, 12년 동안 약 1억 2천만 원을 기사료로 벌어들인 셈이다. 어림잡아 연평균 천만 원의 수입이다. 글쓰기를 좋아하며 시작한 시민기자 활동이 단순한 취미를 넘어, 삶의 한 축을 이뤄주는 경제적 활동이자 나 자신을 꾸준히 성장시키는 중요한 동력이 되었음을 실감한다.

무엇이 나를 이토록 글쓰는 삶에 빠져들게 했을까?

솔직히 말하면, 처음에는 생계의 이유가 컸다. 원고료 2만 원은 당시 내게 정말 큰돈이었고, 아이를 키우고 살림하는데 많은 도움이 되었다. 틈틈이 글을 쓰며 다른 일을 병행하였기에 공과금, 학원비, 반찬값, 여행 경비, 부모님 용돈 등으로 요긴하게 쓸 수 있었다. 절실했던 돈이었기에 글쓰기를 멈출 수 없었다.

물론 누군가는 이렇게 말할 수도 있다. "열 건이나 기사를 써서 월 20만 원이라니 너무 적지 않나요?" 시간과 노력을 생각하면 시간제 아르바이트가 더 나은 선택이었을지도 모른다. 하지만 글을 써서 원고료를 받는 일은 단순히 돈을 버는 것 이상이었다. 그것은 내가 확장되어가는 길이라고 믿었다. 글을 쓰는 경험이 쌓이면서 실력도 차곡차곡 쌓이는 과정이라고 여겼기 때문이다.

그 결과, 지금의 내가 있다. 글쓰기라는 작은 시작이 나를 키웠고, 그 덕분에 오늘도 글을 써서 먹고산다. 글은 나에게 생계를 위한 도구였을 뿐만 아니라, 스스로를 성장시키고 삶의 가치를 더해준 중요한 원동력이 되었다. 어찌됐든 고마운 수입이다. 돈 벌기 위해 글을 쓰냐고 물을 수 있을 것이다. 그렇다. 나에게 돈은 정말 중요한 글쓰기의 동기부여가 되었다. 이것으로 할 수 있는 일이 계속 늘어났기 때문이다. 시민기자 하면서 버는 돈은 다른 일을 해서 얻는 수입보다도 굉장히 가치 있는 땀방울처럼 생각되었다.

글쓰기 수업을 하면서 많은 수강생들에게 시민기자 활동을 추천한다. 실제로 시민기자 활동을 시작한 이들도 적지 않다. 그 중 몇몇은 내가 했던 것 이상으로 뜨거운 열정을 쏟아붓는 이들도 있다. 글을 쓰려고 하는 사람들의 마음속에 작은 불씨를 타오르게 했다는 점에서 보람을 느낀다. 이 일이 명예를 높여주거나 큰돈을 벌게 해주는 것도 아닌데 계속하는 이유는 하나다. 꾸준히 하는 일은 언젠가 보답을 가져오기 때문이다. 나는 글을 쓰며 삶을 이어가는 과정 속에서 내 인생이 언젠가 다른 영역과 연결될 것이라고 믿는다.

글쓰기란 결국, '나를 살아가게 하는 일'이라는 생각이 든다. 거창하지 않아도 좋다. 눈에 띄는 성취가 없어도 괜찮다. 중요한 건 쓰는 삶을 멈추지 않는 것이다. 《뼛속까지 내려가서 써라》의 저자 나탈리 골드버그는 "당신이 사랑하는 것을 믿고, 계속 그것을 하라. 그러면 그것이 당신을 가야 할 곳으로 데려다줄 것이다"라고 했다. 꼭 인생의 목적지가 명확해야만 할까? 어디로 향하는지는 알 수 없어도, 쓰는 동안 우리는 조금씩 달라진다. 예를 들어 삶을 바라보는 눈이 바뀌기도 하고, 시시각각 감정이나 말투도 달라진다. 그러다 보면 하루를 살아내는 태도가 미세하게 바뀐다. 느리지만 분명하고, 어느새 단단해진다.

그러니 지금 당신이 쓰고 있는 문장 하나가 결국엔 당신을 어딘가로 데려다줄 거라는 가능성을 가슴에 품고 살면 좋겠다.

34

시민기자 활동이 반드시 관련 분야의 전문가로 만들어주거나, 미래를 보장할 만큼의 매력적인 가치를 제공한다고 단언할 수는 없다. 그러나 내 안에 자리한 확신은 흔들리지 않는다. 글쓰기를 성실히 이어가는 과정이 나를 새로운 세계로 안내하는 작은 반딧불이가 될 것이라는 기대 덕분이다. 글쓰기는 단순한 기술이 아니라, 내 인생의 무형 자산이다. 투자금이 시간에 비례하여 수익으로 불어나듯이, 내가 글쓰기에 쏟은 시간과 노력은 사라지지 않고 더 큰 가능성이 될 수 있을 것이라고 믿는다. 꾸준함이 열어주는 문을 바라보며 나는 오늘도 글을 쓴다.

당시 원고료 2만 원은 내게 정말 큰 돈이었다.
틈틈이 글을 쓰며 받은 원고료는
공과금, 학원비, 반찬값 등으로 요긴하게 사용되었다.
절실했던 돈이었기에 글쓰기를 멈출 수 없었다.
나에게 돈은 정말 중요한 글쓰기의 동기부여 수단이었다.
시민기자를 통해 나의 글쓰기 영역은 확장되었다.

밥벌이의 시작은 시민기자

"시민기자, 그거 어떻게 하는 건데요?" 라고 묻는 이들이 많다. 물론 최근에는 각 지역별로 기자단 제도가 활발하기 때문에 검색만으로도 최신 정보를 얻을 수 있다. 시민기자로 활동하기 위해 필요한 절차는 생각보다 간단하다. 회원가입을 하고 시민기자 신청을 한 뒤, 승인을 받으면 기사를 작성할 수 있다. (지역마다 방식이 다를 수 있는데, 수원은 'e수원뉴스' 제도를 20년 가까이 운영하고 있다.)

처음 시민기자로 활동할 때, 막상 글을 쓰려니 어디서부터 시작해야 할지 막막했다. 우선 e수원뉴스에 올라온 다른 시민기자들의 글을 읽어보았다. 지역 축제 소식, 수원 관광지 안내, 시민들의 생활 모습, 유용한 정보, 강연이나 교육 프로그램 등 다채로운 주제의 글들이 눈길을 끌었다. 내가 살고 있는 지역에 이렇게나 많은 이야기가 있다는 사실이 신선한 충격으로 다가왔다.

'오호! 이거 나도 해볼 만하겠는데?'라는 가벼운 마음으로 첫 기사를 작성하여 송고했다. 하지만 결과는 아쉬웠다.

첫 기사는 채택되지 않았다. '공공성을 띠지 못했다'는 의견이 편집부로부터 날아왔다. 순간 오기가 발동했다. '첫 술에 배부를 수야 없지!' 스스로 다짐하며 다시 도전하기로 했다.

두 번째로 쓴 기사는 수원시평생학습관의 시민강좌 중 하나인 '뮤지컬 수업'에 대한 소개였다. 이 강좌는 뮤지컬에 관심 있는 사람들이 쉽게 배울 수 있도록 기획된 프로그램으로, 평생교육기관에서 처음 시도한 강의라는 점을 강조했다. 내가 이 주제를 자신 있게 쓸 수 있었던 이유는 간단하다. 당시 나는 이 뮤지컬 수업을 직접 수강하고 있었던 수강생이었기 때문이다. 실제 경험을 바탕으로 진솔한 소감과 정확한 정보를 담을 수 있었다.

두 번째 도전으로 나름 자신감을 얻게 되고, 공식 홈페이지에 올라간 기사는 개인적인 기록 이상의 의미를 주었다.

기사로 채택되지 못한 경험과 채택된 경험을 통해 점점 기사 쓰기의 요령을 터득해 나갔다. 어떤 일이든 처음에는 막연하고 답답하지만, 직접 행동으로 옮기다 보면 '감(感)'이라는 것이 생기기 마련이다. 특히 시민기자의 글은 체험한 일이나 정보를 바탕으로 지역의 이야기를 전하는 데 초점이 맞춰져 있었다.

그리고 e수원뉴스라는 매체의 특성상, 수원 지역의 배울 거리, 먹을 거리, 놀 거리, 관광 정보, 동네 이슈 등을 다룰 때 기사가 채택될 가능성이 높다는 사실을 알게 되었다.

그 이후 작성한 기사들은 대부분 내가 몸담고 있거나 경험한 지역 활동에 관한 내용으로 구성되었다. 운영 중인 동아리를 소개하거나, 평생학습관과 주민센터에서 진행하는 강좌를 안내하고, 도서관 프로그램 참가 후기를 작성했다. 또한, 수원의 가볼 만한 장소를 답사하고 느낀 소감과 정보를 전하거나, 수원 재래시장을 방문해 체험기를 썼다. 때로는 시민들이 겪는 불편 사항에 대해 솔직하게 의견을 적기도 했다. 이 모든 글은 전문가가 아닌 시민의 눈으로 바라본, 진솔한 이야기였다.

2012년 시민기자로 활동을 시작하면서부터 내가 사는 수원이 새롭게 보이기 시작했다. 글을 쓰기 위해 지역에 대해 더 많은 애정과 관심을 기울이게 된 것이다. 25년 넘게 수원에 거주했지만, 그전까지는 내가 사는 동네에 무관심했다. 지역의 역사나 유래, 특성을 잘 알지 못했고, 그저 먹고, 자고, 아이를 키우며 살아가는 거주지역 이상의 의미를 두지 않았다.

하지만 e수원뉴스 시민기자가 된 이후, 내 삶은 확연히 달라졌다. 매일 지나치던 동네의 모습에서 새로운 이야기를 발견했고, 지역과 소통하며 나 자신도 성장하고 있음을 느꼈다. 글쓰기는 장소와 사람을 연결하는 소중한 매개체가 되었다.

알면 사랑하게 되고

　무엇보다도 내 고장에 대한 애정이 한층 깊어졌다고 할까. 이전에는 관심이 부족했던 탓에 내가 사는 곳에 큰 애착을 느끼지 못했다. 고향인 서울에 비해 수원은 작고 볼품없는 도시라는 생각을 했었다. 개발도 덜 된 지방 소도시 정도로만 여겼던 것이다.

　그러던 중 최재천 교수의 책 《통섭의 식탁》에서 인상 깊은 구절을 만났다. 상대에 대해 더 많이 알수록 상대를 점점 사랑하게 된다는 문장이었다. 심지어 지렁이에 대해 더 많이 알게 되면 지렁이도 사랑하게 된다고. 지렁이조차도 알면 사랑하지 않을 수 없다는데, 하물며 내가 숨 쉬고 살아가는 터전은 어떻겠는가?

　시민기자로 활동하면서 수원에 대해 새롭게 공부하기 시작했다. 박물관에서 열리는 역사 강좌를 듣고, 화성 해설사 과정을 수료하며 세계문화유산인 화성의 진면목을 이해하게 되었다. 시간이 날 때마다 화성을 걸으며 그 아름다움을 만끽했다.

　시민기자를 통해 동네를 여행하듯 새롭게 바라보게 된 경험은 특별했다. 오래된 건물은 특유의 멋으로 다가왔고, 정겨운 재래시장도 다른 관점에서 바라보니 좋아지기 시작했다. 조선의 역사가 고스란히 남아있는 유서 깊은 도시에 살고 있다는 자부심도 커졌다.

　'알면 사랑하게 된다'는 말처럼, 나는 점점 수원이라는 도시와 가까워졌다. 이전에는 그냥 지나쳤던 일상 속 풍경들이 이제는 특별한 이야기를 품은 소중한 공간으로 다가왔다. 글을 쓰는 일이 단순히 기록을 넘어, 지역에 대한 애정과 자부심을 키우는 계기가 되었다.

시민기자가 열어준 관계의 폭

시민기자를 시작한 뒤, 나는 많은 사람들을 알게 되었다. 이전에는 집과 일터를 오가는 삶이 전부였다. 아래윗집에 누가 사는지도 몰랐고, 같은 아파트에 10년 이상 살면서 옆집 사람과 인사조차 나눌 기회가 없었다. 나 살기 바빠 남 일에 관심도 없었고, 동네에서 아는 사람이라고는 손가락으로 꼽을 정도로 인간관계의 폭이 좁았다. 하지만 시민기자가 된 후, 나는 몇 년 만에 동네 마당발이라 불릴 정도가 되었다. 취재를 다니며 자연스레 알게 된 사람들이 늘어났다.

지역에서 활동하는 자원봉사자, 예술가, 생태운동가, 인권운동가, 3대째 토박이로 살고 있는 주민, 정치인, 시장 상인, 대학생, 주부 등 다양한 이들과 만났다. TV나 책에서만 대단한 사람들을 만날 수 있는 게 아니었다. 내가 사는 동네에도 성실하고 열정적으로 살아가는 멋진 사람들이 참 많다는 걸 깨달았다.

수십 년간 한자리에서 구두를 닦아온 구둣방 주인, 3대째 가업을 잇고 있는 떡집 가족, 지역 사회를 위해 헌신하는 봉사자들, 그리고 수원을 주제로 사진을 찍고 그림을 그리고 시를 쓰는 예술가들까지. 이들은 모두 자신의 자리에서 빛나는 삶을 살아가고 있었다.

그들의 이야기를 듣고 글로 기록하면서, 나는 친구를 얻고, 언니와 동생을 만들고, 훌륭한 선생님들을 만났다.

시민기자는 강요로 할 수 있는 일이 아니다. 오직 자발적인 마음으로 시작하고 지속해야 한다. 글솜씨나 지식은 부차적이다. 중요한 것은 내가 사는 곳에 대한 관심이다. 쓸 거리를 찾아내고, 그것을 누군가와 나누고자 하는 마음이 시민기자의 가장 큰 동력이다.

시민기자로 활동하며 맺은 수많은 인연은 내 삶에 크나큰 선물이었다. 그 덕분에 동네는 단순히 거주만 하는 공간이 아니라, 이야기가 살아 숨 쉬는 무대가 되기 시작했다.

글로 밥벌이를 시작하다: 시민기자의 힘

시민기자를 하면서 나의 직업적 가능성과 전문성도 확장되었다.

비록 전문 취재를 하는 기자는 아니지만, 시민기자 역시 하나의 '직업'이다. 특별히 많은 보수를 받거나 정기적인 수입이 보장되는 일은 아니지만, 취재하고 글을 쓰는 과정에서 새로운 전문성을 발견하거나 경력을 충분히 쌓아갈 수 있다.

대표적으로 시민기자로 활동하며 글쓰기 강사로서의 입지를 다질 수 있었다. 글쓰기 훈련이 자연스럽게 이루어졌고, 결국 책을 집필하는 성과를 거두었다. 시민기자로 활동하면서 다양한 매체에 기고할 기회가 생겼고, 원고 청탁도 받았다. 수필 공모전에서 수상한 경험 역시 시민기자 활동이 밑바탕이 되었기에 가능했다. 나아가 글쓰기로 생계를 이어가는 삶을 시작하는 발판이 되었다.

한때는 글을 써서 수입을 얻는 일은 특별한 작가적 재능을 가진 사람이나 전문 기자만이 가능하다고 생각했다. 나 자신이 그런 삶을 살게 되리라고는 상상조차 하지 못했다. 그러나 시민기자 활동을 통해 지역의 이야기를 발굴하고 인터뷰하며 취재한 내용들이 쌓여 몇 권의 책으로 이어졌다. 이 과정은 이후 개인 저서를 집필하는 데 큰 도움이 되었고, 삶의 새로운 가능성을 열어주었다.

인생의 영역이 확장되고, 사는 재미도 더해졌다. 어쩌면 이런 이유 때문에 지금까지 시민기자를 계속하고 있는지도 모르겠다.

사실 글쓰기는 소설가나 시인처럼 문학적 재능이 있는 사람들만의 일이 아니다. 누구나 자신의 경험과 정보를 잘 가공하여 전달한다면 충분히 가치 있는 글을 쓸 수 있다. 각자의 눈높이에서 쓴 글이 누군가에게 공감과 울림을 줄 수 있기 때문이다.

오랜 시간 시민기자로 활동하며 깨달은 것은, 글을 쓰는 과정에서 자연스럽게 개인적 성장이 이루어진다는 점이다. 만약 글쓰기를 통해 새로운 분야에 도전하고 싶다면, 시민기자라는 제도를 찾아보고 시작해보길 권한다. 내가 그랬듯이, 당신도 새로운 가능성과 만날 수 있을 것이다.

글쓰기로 생계를 이어가는 삶의 발판은 '시민기자'로 다져졌다.
시민기자로 활동하며 글쓰기 강사로서의 입지를 다질 수 있었고,
글쓰기 훈련이 자연스럽게 이루어졌다. 책도 출간할 수 있었다.
다양한 매체에 기고할 기회로 이어졌고, 원고 청탁도 받았다.
글을 쓰다 보면 자연스럽게 개인적 성장도 이루어진다.

적게 벌지만 꽤나 멋진 일

'사이판 한 달 살기' 여행 중 이메일로 원고 의뢰가 들어왔다.

글쓰는 일은 시간과 장소의 구애를 받지 않기 때문에 내가 머무는 곳이 일터가 될 수 있다. 무언가를 창작하거나 새롭게 쓰는 글이 아닌 데다, 어려운 작업은 아니어서 곧바로 수락했다. 잡지에 실릴 인터뷰 글을 고쳐달라는 내용이었다. 두세 시간이면 충분히 할 만한 일이었고, 금방 마무리하여 작업물을 보냈다.

며칠 뒤 사이판의 고급 호텔에서 1박 할 수 있는 정도의 보수가 입금되었다.

가끔 '작가님께 원고 청탁 드립니다' 라는 메일이 들어온다. 처음 청탁 요청을 받았을 때에는 깜짝 놀랐다. '어떻게 나를 알고 연락을 한 것일까?'

아마도 여러 매체에 지속적으로 노출된 글 덕분에 청탁 의뢰가 연결되는 거라고 짐작할 뿐이다. 물론, 작가 및 시민기자 명함을 만들어 나를 꾸준히 알리고, 강의하고 싶은 주제로 기획안을 만들어 관련 기관에 끊임없이 제안한 노력의 연결고리일 수도 있을 것이다. 그중 실제로 성사된 일도 있지만, 여전히 노트북 폴더 한켠에 차곡차곡 쌓인 채 실현되지 않은 기획물도 있다.

뿌려놓은 씨앗이 없는데 싹이 나고 열매가 맺힐 리 없다. 내가 유아교육잡지에 1년간 그림책 서평을 쓸 수 있었던 것은 '네이버 오늘의 책' 서평을 꾸준히 썼기 때문이다. 공공기관의 잡지 및 기업의 사보, 온오프라인 신문 등에 칼럼을 쓸 수 있었던 것은 열정적인 시민기자 활동 덕분이었다.

처음에는 '내 글에 대한 원고료가 과연 어느 정도나 될지' 궁금했다. 작가로서의 삶에는 인턴 시절도 없고, 직급도 없기 때문에 스스로 어떤 자격을 갖추어야 하는지 알 수 없었다. 부끄럽고 창피한 마음도 컸다. 그렇지만 이제는 가끔씩 청탁이 올 때면 매우 즐겁고 기쁘다. 온오프라인 매체의 지면에 내 이름 석 자가 실린 글이 올라갈 때 알 수 없는 쾌감이 있다. 어떠한 연결고리로 계속 제안이 들어오는지 정확히는 알 수 없지만, 짐작컨대 나의 활동과 글이 세상에 알려졌기 때문인 것만은 확실하다.

신문사 칼럼을 쓰면 매체마다 다르지만 3만 원에서 10만 원 가량의 원고료를 받았다. 쓸 거리를 계속 포착하고, 경험하는 모든 것을 글감으로 건져 올리는 연습을 했다. 그렇게 몇 년 간 칼럼을 썼더니

흔들리는 버스, 기차, 지하철 등에서도 A4 한 장 정도의 글을 뚝딱 쓰는 것은 어렵지 않게 되었다. 뭐든 훈련하고 연습하면 기술이 늘어가는 것을 몸으로 체득했다.

물론 글값에 대한 액수만으로 그 일을 평가할 수는 없다. 예를 들어 내 글에 책정된 원고료가 5만 원이라 하여, 글에 대한 평가마저 5만 원짜리인 건 아니다. 금액이 많든 적든 액수를 떠나 어떤 주제든 글을 써볼 수 있는 기회가 생겨난 것만으로 기쁘다. 처음에는 좋아하는 글을 쓰고, 원고료까지 받는다는 게 신나는 일이었다.

반면 일을 하면서 가장 힘든 것은 '거절'이었다. 상대의 기분을 상하지 않게 하면서 거절의 뜻을 비치기란 쉬운 일이 아니다. 일을 오랫동안 해왔지만 현명하게 거절하는 건 어려웠다. 심지어 이번 거절로 인해 다른 일이 끊기지는 않을까 하는 두려움도 컸다. 하지만 모든 요청을 다 승낙한다면 내 몸과 마음을 돌볼 시간이 없어지고, 일상의 리듬마저 깨질 수 있다. 누군가 내 이야기를 듣고 싶어 하고, 글을 읽고 싶어 한다고 생각하면 모든 요청을 다 받아들여야 할 것 같아 처음에는 힘들었지만 어느 정도 경력이 쌓이고 난 후 거절의 기술도 생겨났다.

작가로 살아가는 것은 무형의 설렘을 갖고 살아가는 일이다. 어떤 선물인지 내용물은 알 수 없지만, 알록달록 예쁜 포장지에 싸인 선물을 받게 되면 궁금증과 호기심에 사로잡힌다. 포장을 뜯어보면 별것 아닌 것일 수도 있겠으나, 그저 선물을 받았다는 이유만으로 좋을 때도 있다.

그동안 책을 열댓 권 썼지만 아쉽게도 대중적인 베스트셀러가 된 적은 없다. 한두 번 정도 인터넷 서점에서 '베스트셀러' 딱지를 붙인 채 순위권에 올라간 적은 있었다. 독자층은 제한적이고, 필요에 의해서 책을 구입하여 읽은 독자들이 대부분이었다.

한 권의 책이 유명해진다고 해서 그것으로 계속 유명세가 이어지는 건 아니다. 작가가 된 이후에도 쓰는 일을 계속 이어가야 한다. 나 역시 커다란 성과를 내지 못할지라도 쓰는 삶을 계속 이어가려 한다. 글쓰는 건 적게 벌어도 꽤나 멋진 삶이라고 자랑하고 싶다. (덧, 건당 몇천 원짜리로 시작한 글작업이 시간이 흘러 어느새 일부 프로젝트의 경우 수백만 원이 된 것은 엄청난 도약이긴 하다)

내 글에 책정된 원고료가 5만 원이라 하여,
글에 대한 평가마저 5만 원짜리인 건 아니다.
금액이 많든 적든 액수를 떠나 어떤 주제든
글을 써 볼 수 있는 기회가 생겨난 것만으로 기쁘다.
작가로 살아가는 것은 무형의 설렘을 갖고 살아가는 일이다.
다양한 글을 쓰며 사는 삶은 적게 벌어도 꽤나 멋진 삶이다.
꾸준히 하면 먹고살 수 있는 내공과 저력이 생긴다.

여행책을 썼더니
여행지에서 독자를 만났다

십 년 전 아이가 초등학교 5학년 때 '사이판 한 달 살기' 여행을 떠났고, 운 좋게도 출판사와 계약을 맺어 《사이판 한 달 살기》라는 책을 썼다. 세계 각국의 한 도시에서 한 달 살기를 하는 여행이 유행처럼 번지면서 출판의 기회로 이어지게 되었다. 사실 1쇄밖에 팔리지 않은 책이고, 이후 코로나가 장기화되면서 여행객이 줄면서 한동안 여행 도서 시장도 축소되었다. 출판사도 어쩔 수 없이 절판을 결정하고, 더 이상 책을 찍지 않았다. 1쇄에 대한 인세만 받았던 매우 초라한 성적의 책이다.

그런데 이게 웬걸~ 코로나 이후 슬금슬금 또다시 한 달 살기 여행의 트렌드가 돌아왔다. 십 년 전의 사이판을 느끼고 싶어서 2024년 1월에 다시 사이판에 갔는데 장기 여행객들이 많았다. 심지어 같은 숙소에서 묵게 된 게스트 중 유·초등학생을 둔 엄마들이 한결같이

2018년에 출간한 내 책 《사이판 한 달 살기》를 읽고 온 것이 아닌가!

책에서 소개했던 게스트하우스를 한 달 살기 숙소로 정하고, 책 내용을 정보 삼아 현지 학교 단기 스쿨링 등록을 하며, 아이와 함께 한 달 살기를 하고 있었다. 한적한 해변이나 도심의 식당에서 나에게 대뜸 "혹시 사이판 책 쓴 작가님 아니세요?" 라고 묻는 경우도 있었다. 사이판이라는 작은 섬에서 잠깐이나마 유명세(?)를 느껴본 순간이었다. 사이판에 온 이유가 바로 그 책 덕분이었다고 하는 분을 현지에서 만나니 얼떨떨했다. 어찌됐든 누군가에게 도전할 수 있는 용기를 준 책이었다고 하니 역시 책을 쓰기 잘 했다는 생각이 든다.

어떤 글은 당시에 평가받지 못하기도 한다. 그렇지만 시간이 지나면 누군가 진가를 알아주고, 우연한 곳에서 독자를 만날 때도 있다.

《사이판 한 달 살기》는 뚜렷한 목적을 갖고 썼던 책이 아니며, 내 인생에 큰 보탬이 될 거라는 큰 희망과 포부를 품은 것도 아니었다. 그저 사이판이라는 여행지에서 일상의 리듬을 유지하면서 일기처럼 매일의 기록을 담았던 글의 결과였다.

하루의 삶을 잊지 않기 위해 무언가를 기록하는 일은 오래된 습관 같은 일이다. 매일 10분 정도 짬을 내어 그날을 되돌아보면서 하루를 정리한다. 오늘의 기분이나 날씨, 오늘 좋았던 일, 오늘 감사한 일, 오늘의 만남과 배움, 하려고 했지만 못했던 일 등. 보이지는 않지만 내 마음의 빛과 어둠까지 담아낸다.

책 출간 후, 광화문 교보문고의 신간 코너에 놓여 있는 내 책을 보고 반가운 마음에 사진을 찍고 있을 때였다. 누군가가 책의 표지를 가리키면서 이렇게 말하는 것이었다.

"요즘 같은 세상에 한 달씩 해외여행을 한다고?"

"집안이 좋은가 보다."

"애 데리고 한 달이나 해외에 있으려면 얼마나 여유가 있어야 해?"

"이런 책 읽는 사람들이 있을까?"

"부럽고 따라하고 싶어서 여행하는 사람도 있겠지?"

"참 편하게 산다."

어쩌면 아이가 없는 사람들의 시시껄렁한 별 의미없는 대화였을지도 모른다. 그 순간 나는 하마터면 "제가 이 책 작가인데요"라고 말을 걸 뻔했다. 일그러진 얼굴, 엉망이 된 기분, 울먹이는 감정까지 더해지면서 한순간 의기소침해졌다. 책이 꼭 나와 같은 인격체일 리는 없다. 독자가 어떤 평가를 하든 그건 개인의 의견일 뿐이다. 많은 사람들이 읽지 않은 책의 표지와 제목만 보고 멋대로 평가를 덧붙인다. 저자는 모든 독자들에게 응대할 필요가 없으며, 모든 이들의 취향을 존중할 필요가 있다.

《사이판 한 달 살기》 책을 읽고 실제로 사이판 여행을 온 사람들을 여럿 만나보니, 약간의 자부심이 생겼다. 어떤 이들에게는 아이를 데리고 해외에서 머물고 여행을 하는 일이 생각처럼 쉬운 게 아닐 수 있다. 자신의 상식 혹은 틀을 벗어나야 하며, 안전지대에서 물러나 새로운 것에 도전하는 상황에 자신을 내던져야 하기 때문이다. 그래서 아이들과 장기 여행을 하는 모든 엄마들은 위대하고 멋지다고 평가하고 싶다.

나에게는 성적이 저조했던(?) 책으로 기억되지만 누군가에게는 새로운 시도를 하게 해준 '방아쇠'같은 책이었다는 것만으로도 뿌듯하다. 어떤 분은 이 책을 가족 모두가 읽고, 아이들까지 읽으면서 사이판 여행에 대한 꿈을 꾸었다고 한다. 꼭 가 보고 싶은 인생 여행지가 되어서 진짜 사이판을 오게 되었고, 그 책의 작가를 사이판의 게스트하우스에서 만난 일은 인생의 기적이라고 했다.

작가의 손을 떠난 한 권의 책은 독자의 삶에서 새로운 의미를 부여받는다. 책에서 무엇을 읽고 어떤 의미를 발견하고 행동으로 옮기는가 하는 것은 개인의 선택과 판단에 따라 달라진다. 누군가에게는 뻔해 보이거나 하찮은 일이 될 수 있겠지만, 그러한 '뻔함' 너머에 있는 세계를 찾아내는 건 각자의 몫이다.

어떤 경험을 한 사람에게는 그렇지 않은 사람과 분명 다른 무언가가 존재한다. 거기다가 책을 출간하기 위해 글을 쓰고, 경험을 재구성했던 모든 과정은 그 사람만의 자산이 된다.

나는 책을 내고 작가가 된 이후 오히려 모든 작가들을 함부로 평가할 수 없게 되었다. 저자에 대해 독설을 날리며 함부로 누군가의 인생을 재단하고 싶은 마음이 사라졌다. 예리한 비평의 칼날을 들이대면서 '이러니 저러니' 비판하는 것도 무의미했다. 언제든 나 역시 그러한 비평의 도마에 오를 수 있기 때문이기도 하다.

  알지도 못하는 독자들의 가혹한 평가가 겁이 나 글을 쓰지 않는다거나 책 내는 일을 그만두는 것은 어리석은 일이다. 그저 내 생각을 솔직하게 끄집어내고, 자유롭게 상상하고 표현하는 일을 이어나가면 된다. 모든 일에 불안감이나 두려움은 항상 존재한다. 그런 마음을 감추고 가리는 것이 아니라 솔직하게 밖으로 표출하면서 내 안의 부끄러움과 마주하는 글을 쓰면 된다. 이것은 글쓰는 자의 용기다.

책을 출간했지만 많은 돈을 벌지 못했고 유명해지지도 못했다.
판매는 저조(?)했지만 《사이판 한 달 살기》는
누군가에게는 새로운 시도를 하게 도와준 '방아쇠'같은 책이었다.
책을 출간하기 위해 글을 쓰고, 경험을 재구성했던 모든 과정은
나에게도 독자에게도 의미가 있는 일이다.

세바시 출연, 꾸준함이 만든 변화

 내 인생에서 결코 잊지 못할 경험 중 하나로, 세바시(세상을 바꾸는 15분) 출연을 빼놓을 수 없다. 유명하고 대단한 인물들만 출연한다고 생각했는데, 어느 날 나에게도 그 기회가 찾아왔다. 2015년 일이니 어느덧 10년의 시간이 흘렀다.

 그날 나는 글쓰기 습관과 지속하는 힘에 대해 이야기했다. '100일 글쓰기로 당신의 삶을 바꾸어 보세요'라는 주제로 강의 원고를 작성하여 15분 스피치 훈련까지 하면서 기승전결이 있는 이야기를 전하기 위하여 반복 연습하였다. 긴장과 설렘 속에서 가슴을 졸이면서 무대에 올랐다.

 초보 작가 시절, 글을 잘 쓰고 싶어서 여러 강의를 들으며 글쓰기의 비결을 찾아 헤맸지만, 결국 가장 효과적인 방법은 매일 묵묵히 써보는 것이었다. 성실함과 꾸준함이 없다면 글쓰기를 유지할 수 없었기에 나만의 습관을 만들어야 했다. 글쓰기 관련 책들에서 공통적으로 강조하는 부분이 바로 이 '꾸준함'이었다.

'100일 글쓰기 훈련'을 통해 많은 사람들과 함께 글쓰기 습관을 만들기 위한 모임을 오랫동안 이어왔다. 처음에는 한두 번 해보면 충분할 거라고 생각했지만, 그렇지 않았다. 결국 모임은 10년 가까이 지속되었고, 그동안 많은 일들이 이루어졌다. 무엇보다 내 안에 좋은 습관을 만들어가는 씨앗이 심어졌다는 사실이 가장 큰 수확이었다. 매일 일기처럼 하나의 글감을 통해 내 이야기를 적다 보니, 머릿속에 떠오르는 이야기들이 실타래처럼 풀려나갔다. 공개적으로 드러내기 힘든 글도 있었지만 감정 쏟아내듯이 글을 쓰고 나니 후련해지면서 편안해졌다. 심리적인 해소와 셀프 치유가 일어났다. '인간중심 표현예술치료'의 창시자인 나탈리 로저스는 글쓰기가 무의식 세계의 문을 두드리고 자기 통찰에 이르게 하는 표현수단이라고 말한다. 글쓰기는 영혼의 치료약이 될 수 있다.

혼자 하기 어려운 일은 함께하면 된다. '100일 글쓰기 훈련'에 참여한 사람들과의 공유는 큰 힘이 되었다. 하루도 빠짐없이 100일을 채우는 일은 결코 쉬운 일이 아니지만, 그 미션을 완수한 이들이 꽤 많았다. 가끔씩 며칠을 빼먹고 나면, 무언가 알 수 없는 부담감이 나를 다시 글쓰기로 이끌었고, 결국은 숙제처럼 다시 글을 쓰게 되니 어느새 100일이 채워졌다.

"100일 글쓰기를 쉬지 않고 10년간 지속했다면, 이제 더 이상 쓸 글이 없지 않을까?" 라는 의문을 제기하는 사람들도 있지만, 나는 그렇지 않다고 믿는다. 여전히 내 안에는 써야 할 말들이 넘쳐나고, 써야 할 글들이 끊임없이 떠오른다. 마치 깊은 땅속에서 솟아나는 샘물처럼 말이다. 삶 속에서의 순간적인 영감, 스쳐 지나가는 일상, 그리고 만남과 이별이 모두 글감이 되어 나의 이야기로 흘러들어온다. 그 과정에서 성찰하고 부족함을 깨닫고 배워나간다. 아프고 힘든 일마저도 모두 글의 재료가 되어 또다른 예술로 승화되기에 버릴 만한 삶은 한순간도 없음을 깨달았다. 글을 쓰는 것은 단순히 기록을 넘어서, 자기실현의 지속적인 과정이 되고 있다.

세바시에 출연하고 나서 부끄럽고 창피했다. 당시의 나는 글쓰기나 강의 경험이 부족했던지라 그 일은 너무 큰 도전이었다. 15분이라는 짧은 방송 시간마저 어떻게 시작하고 끝났는지 기억이 잘 나지 않는다. 녹화를 마친 후 가까운 사람 한둘 외에 아무에게도 말하지 않았다. 하지만 예상치 못한 일이 일어났다. 내가 출연한 세바시 영상을 본 시청자 한 분이 연락을 해온 것이다.

그분은 방송을 보고 자신도 100일 글쓰기를 해보고 싶다고, 함께 참여할 수 있는 방법이 있는지 물어봤다. 정말 신기했다. 누군가 내 이야기에 동기부여가 되고, 나와 함께 길을 걸어가겠다고 말해준 것이다. 단순히 세바시 출연에 그친 것이 아니라, 뜻밖의 연결과 변화의 시작점이 되었다는 점에서 이 경험은 하나의 기폭제가 되었다.

어떤 일을 해보기 전까지 그 결과는 누구도 알 수 없다. 세바시 출연 덕분에 또다시 새로운 기회들이 다가왔다. 글쓰기를 주제로 동영상 강의를 촬영하게 된 것이다. 시민 대학의 교양 프로그램이었는데, 20강 분량의 글쓰기 수업 영상을 찍었다. 영상물에 대한 저작권이나 초상권, 계약의 중요성에 대해 전혀 알지 못했던 시기였는데, 놀랍게도 그 영상은 지금도 유료 강좌 플랫폼에서 계속 수강생 홍보를 하고 있었다. 그때 촬영했던 강의가 수많은 사람들에게 계속 판매되고 있다는 사실을 알고 나니, 한편으로 속이 쓰리기도 했다. 그저 한 번의 강의 촬영으로 콘텐츠 회사는 많은 이익을 얻을 수 있다는 사실에 씁쓸함을 느끼면서, 일을 할 때 계약조건이 매우 중요하다는 것을 배웠다.

그밖에 B출판사가 진행한 CJ홈쇼핑 어린이책 판매 방송에 글쓰기 교육 전문가로 깜짝 등장하여 자문을 한 경우도 있었다. 지금 다시 생각해보면 당시 어떻게 그런 새로운 시도를 흔쾌히 받아들일 수 있었는지 나 자신이 기특하고 신기할 따름이다.

어쨌든, 만약 글을 쓰지 않았더라면 몰랐을 세계다. 글쓰기라는 작은 시작이 전혀 다른 경험의 세계로 이끌었고, 그 과정에서 나라는 존재는 계속해서 확장되었다. 새로운 기회가 찾아오면, 마다하지 않고 "해보겠습니다"라고 말하며 수락했고, 그렇게 또 다른 일이 열렸다. 그때마다 새로운 도전이 펼쳐졌고, 기회를 받아들이며 나는 한 걸음씩 나아갔다.

이제는 세바시 영상이나 시민 대학의 영상물을 내려야 할 때가 된 것 같지만, 내 몫은 아닌 듯하다. 누구나 그렇듯 꼬꼬마 시절이 있다. 지나간 시간을 되돌아보면 그 시절의 작은 실수나 어색함들이 떠오른다. 그때는 미숙하고 부족했지만, 지금의 나를 이루는 중요한 조각이 되었다고 받아들인다.

과거의 흔적들이 부끄럽고 감추고 싶은 흑역사같을 때도 있지만 그런 부분들도 나의 일부로 인정할 수밖에 없다. 가장 부족했던 시절부터 줄곧 나를 지켜봐준 다정한 친구는 바로 나였다는 것을 알게 되었다. 길을 잃었다가 다시 돌아올 수 있는 이유는 바로 글쓰기 때문이란 걸 알기에 이제는 조금 헤매도 괜찮은 것 같다.

세바시에 출연해 글쓰기 습관과 지속하는 힘에 대해 얘기했다.
주제는 '100일 글쓰기로 당신의 삶을 바꾸어 보세요.'였다.
한두 번으로 끝날 줄 알았던 '100일 글쓰기 훈련'은
10년 가까이 이어져왔고, 그 시간 동안 많은 일들이 이루어졌다.
글쓰기의 비결은 정말 꾸준함에 있다.

100일 글쓰기로
당신의 삶을 바꾸어 보세요

"백지장도 맞들면 낫다"는 속담처럼, 함께 힘을 모은다면 그 어떤 일도 더 나아질 수 있다. 백지장은 그저 종이에 불과하지만 글을 쓸 때 동료의 힘은 꽤 든든하다.

글쓰기는 본질적으로 홀로 해야 하는 작업인 동시에 함께하는 사람들과 연대를 이루며 상상 이상의 힘을 발휘할 수도 있다. 글쓰기 모임을 만들어 서로 이야기를 나누고, 함께 쓰면서 동기부여를 받는 것은 그 자체로 큰 기쁨이다. 각자의 이야기가 모여 큰 힘이 되고, 서로의 고민과 성취를 나누는 과정에서 혼자가 아니라는 사실을 깨닫는다.

글을 쓰다 보면 외로운 시간 속에서 고독을 견디기 어려울 때가 있고, 쓰고자 하는 동력을 잃을 때도 있다. 그럴 때면 모임의 적당한 규율과 의무 때문에 앞으로 나아갈 수 있게 된다. 마치 자신을 조금 더 밀어붙여야 하는 상황 속에서, 해야 할 일을 하고야 마는 그 힘이 자신을 한 단계 성장시킨다. 그런 의미에서 함께 글쓰는 것은 결국 나를 이끌어주는 소중한 동력이다. 혼자라면 쉽게 포기했을지도 모르는 일을 함께라면 끝까지 이어갈 수 있다. 글을 혼자서 쓰는 것보다, 공동의 목표를 가지고 함께 쓴다면 그 힘은 배가 된다고 생각했다. 그래서 '100일 글쓰기 프로젝트'를 구상했고, 다행히도 나와 함께하겠다는 동료들이 생겼다.

2011년에 시작한 100일 글쓰기는 10기까지 이어졌고, 그 과정에서 어떤 누구보다도 나 자신에게 많은 유익함이 있었다. 모임은 단순히 글쓰기 훈련을 넘어서 나의 삶에 깊은 영향을 미쳤다. 앞서 이야기한 '세바시'에 출연하는 계기가 되어주기도 했고.

나는 본래 관계 중심의 외향적인 성격을 지닌 사람이다. MBTI 성격유형으로 말하면 E에 가깝다. 혼자 있을 때보다 함께 무언가를 지속적으로 해나가는 데서 에너지를 얻고, 사람들과 함께 있을 때 아이디어와 창의성이 많이 생긴다. 이러한 성향 덕분에 모임형 학습이 특히 효과적이다. 물론, 글쓰기라는 내면의 작업을 꾸준히 하기 위한 훈련이 외향형 사람에게도 필요하다. 100일 글쓰기 모임을 운영하면서, 수많은 사람들의 글을 읽고, 피드백을 주고받고, 그들과 공감하며 얻은 위로는 돈으로 살 수 없는 값진 경험이 되었다.

시간이 지나 수많은 챌린지 프로젝트가 온오프라인에서 우후죽순으로 생겨나는 현상을 보면서 내가 트렌드를 많이 앞서갔구나, 결국 옳은 방향으로 삶을 잘 살았구나, 하는 흐뭇한 마음도 들었다.

100일이라는 시간 동안 함께 글을 쓰는 멤버와의 관계는 느슨하지만 약간의 부담을 주는 정도로 유지한다. 많은 사람들이 블로그나 SNS에 글을 쓰는 것을 힘들어하지만, 100일 글쓰기 비공개 카페에서는 그런 부담 없이 조금 더 자유롭고 안전하게 글을 쓸 수 있다. 비공개 공간에서만 공유되는 글들이기에, 오히려 더 편안하고 솔직하게 마음을 표현하는 것이다. 정해진 소수의 멤버들만 참여하는 환경에서, 그들은 보다 집중하여 자신만의 이야기를 풀어낼 수 있었다.

100일 글쓰기를 함께할 동지들은 주로 블로그를 통해 모았지만, 요즘에는 인스타그램을 활용하기도 한다. 가까운 지인들에게 개인적으로 메시지를 보내 참여를 권유하기도 한다. 한두 번 100일 글쓰기에 참여했다가 재참여하는 사람들도 있었다. 그들이 재참가하는 이유는 단순한 훈련을 넘어서, 100일 동안 서로의 이야기와 경험을 나누는 시간이 굉장히 의미 있기 때문이다.

사람들은 본능적으로 자신의 글을 누군가 읽어주기를 원한다. 모두가 자신만의 이야기를 세상에 나누고픈 욕망을 가지고 있다.

100일 글쓰기를 하면서 함께하는 멤버들은 나의 글에 대한 '독자'가 되고, 서로의 글을 읽으며 공감하면서 새로운 시각을 얻는다. 누군가의 글은 유난히 끌리기도 한다. 어떤 글은 마치 내가 놓친 부분을 다시 보게 해주는 힘을 가지고 있다. 그리고 그렇게 글을 읽고 쓸 수록, 사람들 간의 애정이 깊어지기도 한다.

　모임의 분위기를 따뜻하고 화기애애하게 만드는 것도 운영자의 중요한 역할이다. 각자의 이야기에 관심을 기울이고, 그들이 하나로 연결된다는 느낌을 주는 것이 필요하다. 약간의 부지런함과 책임감도 있어야 모임이 와해되지 않을 것이다. 때로는 밀리기도 하지만 매일 글쓰기를 놓치지 않고 다시 그 길로 돌아오는 것을 잊지 않으려 애쓴다. 서로 자극을 주고받으며 끝까지 이 여정을 함께할 수 있다.

　많은 사람들이 글감을 떠올리기 어려워하는 면이 있어서 나는 최소한의 가이드라인을 제시하기로 했다. 일상적인 작은 글감부터 시작해, 100가지의 질문을 통해 멤버들이 스스로 묻고 답하며 글을 써 나갈 수 있도록 도왔다. 이 책의 마지막에 부록으로 '나를 탐구하는 100가지 질문'을 넣었다. 거창하거나 심오한 주제보다는 일상적이고 개인적인 소재거리를 찾아내도록 했는데, 덕분에 주변 사람들을 이해하는 데에도 더욱 넉넉해졌고, 과거의 편협한 시각에서 벗어나 세상을 조금씩 품을 수 있는 그릇이 되어가는 것 같다.

　이 글을 읽는 독자들이 '100일 글쓰기 프로젝트'를 시작하고 싶다면 다음과 같이 시작해보아도 좋겠다.

　모임 구성원을 온라인으로 모집할 때는 서로에 대한 작은 신뢰가 필요하다. 그래서 참가자들이 서로를 조금 더 잘 알 수 있도록 간단한 '지원서'를 만들어 이름, 하는 일, 사는 곳, 좋아하는 책, 그리고

100일 글쓰기를 통해 얻고 싶은 성과 등을 적는다. 이는 참가자들이 책임감을 가지고 시작할 수 있도록 돕기 위한 방법이 될 수 있다. 또한 적지만 소정의 참가비를 통해 서로에게 진지한 참여 의지를 심어 줄 수 있다.

글을 올리는 창구는 온라인 카페, 밴드, 카톡방 등 다양한 플랫폼을 활용할 수 있다. 프로젝트 운영자는 구성원들이 끝까지 잘해낼 수 있도록 동기부여하고, 보이지 않지만 마음을 모아 격려하도록 에너지를 써야 한다.

중국의 위구르족은 아이가 태어난 후 100일째 되는 날, 승려를 불러 명명식을 거행한다고 한다. 그들의 풍습에 따르면, 아이가 100일을 살아남아야 비로소 이름을 얻게 된다. 이는 과거 생명력이 불확실했던 시절의 상징으로, 100일을 넘긴 아이에게 이름을 부여하는 의식이었다. 100이라는 숫자는 완성, 결실을 의미하기도 하지만 동시에 불가능하고 쉽게 닿을 수 없는 목표처럼 보이기도 한다.

100일간 글을 쓴다고 해서 글쓰기 신(神)이 내려오는 건 아니다. 그럼에도 100일 글쓰기를 통해 얻는 것은 오직 하나의 사실, 즉 '100일간 글을 썼다'는 단 하나의 명제이다. 그 어떤 외부의 평가나 인정 없이도, 100일을 살아낸 경험 자체가 나의 일부로 남는다.

글을 쓴다고 삶이 드라마틱하게 바뀌는 것은 아니다. 100일 글쓰기를 했다고 해서 내가 즉시 소설가가 되거나 시인이 되는 것도 아니다. 하지만 100일 글쓰기는 여전히 매력적인 프로젝트다.

　과연 내가 100일이라는 시간을 계속할 수 있을까? 그 시간을 채운 후 나는 어떤 인간이 될까? 처음에는 그저 호기심과 궁금증으로 시작했더라도, 글쓰기에 발을 들여놓으면 그 이후의 삶은 예측할 수 없다. 비록 내가 100일 글쓰기를 완수했다고 해도, 누군가는 여전히 나의 글을 '함량 미달'이라고 평가할지도 모른다. 하지만 그건 아무렇지도 않은 일이다. 타고난 재능이 부족하더라도, 이만큼 지속해왔다는 사실만으로도 충분히 가치있다.

　글을 쓰면 쓸수록 글쓰는 재미에 빠져들고, 내가 몰랐던 새로운 세계에 조금씩 다가간다. 그러다 보면 어느 순간, 내 안에서 숨쉬는 가능성에 빠져들고, 나는 나 자신을 더욱 사랑하게 된다.

혼자 하기 어려운 일은 함께하면 된다. 특히 글쓰기!
100일 글쓰기 프로젝트는 함께 성장하기 좋은 프로젝트이다.
글을 쓰면 쓸수록 글쓰는 재미에 빠져들게 될 것이다.
경험은 연결과 변화의 시작점이 되며,
새로운 기회의 문으로 삶을 확장시켜준다.

우리는 세상에서 원하는 것을 얻기 위해 끊임없이 노력한다. 돈, 인기, 사랑, 개성 등을 얻고 싶어 한다. 어떻게 나를 세상에 어필하여 욕망을 실현할까 궁리한다.

돌아보면 나는 일을 제안 받기 위해 노력하기보다는 어떻게 하면 상대에게 필요한 것을 채워줄까 고민했던 것 같다. 스물한 살 논술 첨삭 아르바이트를 할 때부터 그러했는데, 내가 하는 아르바이트를 친구나 선후배 등 많은 사람들에게 알려주었다. "시간 자유롭고 건당 보수도 괜찮은 일이 있는데 해볼래?" 라고 권하며 함께 일을 했다.

그때는 잘 몰랐지만, 이게 나의 타고난 기질인 듯하다. 블로그에 글을 쓰는 것도 어쩌면 내가 알고 있는 무언가를 세상에 별다른 대가 없이 주고 싶어서 끊임없이 했을 뿐이다. 알고 있는 지식, 듣고 보고 경험한 일 등 무엇이라도 쓰고 싶었다.

시민기자를 하면서 정말 많은 사람들에게 시민기자 할 것을 권하였고, 방법까지 친절하게 설명해주었다. 돈을 받고 노하우를 전수해도 좋을 만한 배움도 그저 순수한 마음으로 알려주었다. 대가가 없었으니 평가에서 자유로웠고, 보상 없이도 충분히 즐거웠다. 정확히 무슨 동기에서였는지 기억나지 않는데 SNS에 다음과 같은 글을 올리기도 했다.

'시민기자가 되고 싶은 분들께
A부터 Z까지 노하우를 무료로 알려드립니다'

이 공지를 보고 연락을 해온 사람들에게 나는 실질적인 방법을 알려주었다. 개인적인 혜택을 얻기 위해서라기보다 좀더 같이 글을 쓰는 사람들이 많아졌으면 하는 단순한 이유에서였다.

제안서나 기획서를 쓸 때도 이러한 마음을 담는다.

Y시의 유명한 실버타운에서 자서전 쓰기 강연을 3년 넘게 한 적이 있는데, 당시 프로그램을 기획할 때, 강의료보다도 인생의 마지막이라 할 수 있는 노년기를 살아가는 그분들에게 어떤 도움을 드릴 수 있을까를 더 많이 고민했다. 수강생들 대부분이 80대였는데, 30대 초반이었던 내가 할 수 있는 최선을 다했다. 수업은 항상 제시간보다 늦게 끝났으며, 한 분 한 분의 이야기를 열심히 들었다. 심지어 당신 집에 같이 가서 무언가 정리하는 것을 도와달라는 어르신의 부탁을 거절하지 않고 몇 번이나 갔다오기도 했다. M어르신은 남편이 먼저 돌아가셨는데, 20대부터 남편에게 받았던 연애편지와 함께 일기

장을 엮어서 책으로 만들길 원하셨다. 부부가 나눈 편지를 읽으면서 50~60년 전으로 거슬러 올라가 눈물을 흘리기도 했다. 결국 책으로 만들어 실버타운 내에서 출간 기념회까지 열 수 있도록 도와드렸다.

이런 작업은 사실 굉장히 수고스럽고, 품이 많이 들기에 일부러 하지 않아도 되는 일이다. 그렇지만 알 수 없는 끌림은 거부할 수가 없다. 그후 한참 시간이 흘러 자서전 대필을 하게 되었는데, 이미 다양한 측면에서 셀프 글쓰기 훈련을 한 셈이었다. 누군가에게 일부러 시간을 쓰고 그의 삶에서 빛나고 소중한 단편을 발굴하고 찾아내는 일은, 보이지 않지만 나의 가치를 만들어가는 과정이기도 했다.

물론, 내가 강의했던 활동이나 기고한 글은 모두 블로그에 기록 및 홍보용으로 차곡차곡 쌓아두는 것도 잊지 않았다. 요즘에는 셀프 브랜딩 시대라고 하여 개인 명함을 제작하는 것도 흔하고, SNS를 활발하게 하면서 자신을 드러낸다. 맨 처음 내가 만든 명함에는 단 한 줄의 수식어만 적어 놓았다. 바로 '글쓰는 생활 여행자 김소라'였다. 여행하듯이 살고 싶다는 바람과 생활인으로서의 끈을 놓지 않는 작가로 살고 싶은 욕구의 표현이었다.

청탁을 받기 위해 나름 발품 팔았던 것 중 하나는 공공기관에서 발행하는 소식지를 눈여겨 보는 것이었다. 시 홍보물이나 관공서의 홍보책자 및 회사의 사보 등에서 '원고를 기다립니다' 라는 문구를 발견하면, 어디에서건 얻어걸리지 않을까 하는 바람으로 글을 쓰고 보내는 일을 지속했다. 물론 답이 없는 경우도 많고, 거절의 답도 받았다. 그렇지만 블로그에 가볍게 일상을 적는 일이 아니기에 한 편의 글을 완성도 있게 쓰는 연습과 훈련이 절로 되었다. 심지어 한 단체에서 누가 시키지도 않은 '인터뷰'를 자발적으로 진행하고, 그 글을 모아 소책자 형태의 인쇄물을 만들어서 배포하는 일도 해봤다.

누군가에게 혹은 어떤 일에 시간을 쓰고 마음을 쓸 때 소중한 것을 얻을 수 있다.

글쓰기 강의를 처음 시작한 것 역시 재능기부였음을 고백한다. 당시에는 책 한 권도 출간하지 못한 상태였기에 글쓰기 강의를 제안받기란 불가능해 보였다. 그래서 지역 평생학습관에 '내 인생의 글쓰기'라는 재능기부 강의 프로그램을 제안하였고, 매주 한 번씩 하는 글쓰기 수업을 일 년 넘도록 진행했다. 언젠가는 꼭 글쓰기 강사가 되어야겠다는 야심찬 욕망도 물론 내재되어 있었지만, 평범한 사람들이 자신의 글을 써나갈 때 삶이 얼마나 바뀔 수 있는지 많은 이들에게 알려주고 싶었다.

처음 재능기부 글쓰기 수업을 할 때 수강생은 주로 현직에서 물러나 은퇴한 60~70대 혹은 30~50대의 경력단절 여성이 대부분이었다. 평생 글 한 줄 써 보지 못한 사람들도 충분히 글을 쓸 수 있다는 것을 알려주고 싶었다.

지금 와서 생각해보니 강사료를 받지 않는 수업임에도 한번도 수업을 빼거나 거른 적이 없었다. 운은 사람을 통해서 온다는 믿음을 어렴풋이 갖고 있었고, 진솔한 마음이 누군가에게 가 닿는다면 원하는 세계에 도달할 수 있지 않을까 생각했다. 그때 함께 글을 쓰던 분들 사이에 끈끈한 동지애가 생겼고, 이후 다양한 방식으로 글쓰기를 이어나가게 되었다. 자연스러운 수순이었을지 모르겠으나, 재능기부 프로그램은 일 년 뒤 평생학습관의 정규 프로그램이 되었고, 다양한 단체와 기관에서 강의 요청으로 이어졌다.

첫 책을 쓰기 위해 출판사 투고를 할 때였다. 초·중·고등학생 논술과 독서토론을 오랫동안 지도하면서 터득한 나만의 노하우를 담은 책을 출간하고 싶었다. 2013년 《맛있는 독서토론 레시피》라는 책이 세상에 나오게 되었는데, 그 전에 50여 곳 이상의 출판사에서 거절을 당했다. 처음에는 출간기획서라는 것도 제대로 쓰지 못했던 것 같다. 거절 메일을 받고 당연히 좌절감도 느꼈지만, 한편으로는 계속 출간기획서를 수정하고 고치는 기회가 되었다.

지난 일을 생각할 때 '나는 운이 좋았어'라고 느낄 때가 많은데, 그 운을 만들어내기 위해 다양한 헛수고같은 일도 많이 했다. 지나고 보면 쓸모없는 일은 하나도 없고, 쓰잘데기 없어 보이는 것 속에서도 가치를 찾을 수 있었다.

여전히 작가로서 대박이라는 건 없다고 믿는다. 뭐랄까 쉽게 작가가 될 수 있는 길은 없다고 생각한다. 작가가 쉽게 될 수 있고, 누구나 별 어려움 없이 책을 낼 수 있는 시대가 되었다지만, 쉽게 얻은 것으로는 큰 만족을 느끼기 어렵다. 로또 복권에 당첨된 사람들이 결국 자신의 부를 금방 잃게 되는 것과도 같다. 코인이나 주식 등으로 벼락부자가 된 사람들 역시 벼락거지가 될 확률이 크다. 쉬운 길에 대한 유혹은 언제나 달콤하고 편하지만, 진짜를 얻는 사람들은 미련할 정도로 꿋꿋하게 무언가를 지속해온 사람들이다.

작은 도전이라도 스스로 선택하여 그 길을 가기로 결심하고, 괴롭더라도 글쓰기를 포기하지 않는다면 결국 원하는 지점에 도달한 자신을 만나게 될 것이다.

첫 글쓰기 강의는 강사료를 받지 않는 수업임에도
한번도 수업을 빼거나 거른 적이 없었다.
누군가에게 혹은 어떤 일에 시간을 쓰고 마음을 쓸 때
소중한 것을 얻을 수 있다.
그리고 운은 사람을 통해서 온다.

코로나가 앞당겨 준 언택트 시대의 작가

코로나는 예상보다 길었고, 그로 인해 많은 일들이 비대면으로 전환되었다. 학교와 직장도 재택근무로 변화하면서 이제는 비대면과 대면이 함께 공존하는 시스템이 자리를 잡았다. 또한 여러 가지 일을 동시에 해내는 'N잡러'라는 새로운 직업 패턴이 확대되면서 나와 같은 작가들에게는 글쓰기와 관련된 기회가 예상치 못하게 찾아왔다.

코로나 이후 글쓰는 일이 대폭 증가하며, 나는 안정적인 수입과 워라밸까지 얻을 수 있는 진정한 N잡러가 되었다. 과거에는 글쓰기를 위한 인터뷰가 오프라인으로 진행되었지만, 이제는 ZOOM과 같은 화상회의 시스템 덕분에 온라인 인터뷰도 자연스러워졌다. 해외에 있는 인터뷰이나 의뢰인과도 문제없이 연결할 수 있어 집에서도 손쉽게 작업을 할 수 있게 되었다. 더 이상 외출 준비를 하거나 시간을 맞추어 의뢰인을 찾아가는 수고를 하지 않아도 된 것은 개인적인 라이프 스타일의 큰 변화였다.

최근 의뢰 받은 일은 지방에 사는 40대 주부 김 씨의 이혼 스토리를 글로 담는 작업이었다. 예전 같으면 지방에 사는 의뢰인은 출장비를 따로 청구하기 때문에 비용이 높아졌고, 물리적인 거리 때문에 수락하지 못하는 경우도 많았다. 그렇지만 온라인 인터뷰 덕분에 집에서 편안하게 작업할 수 있는 기회가 열렸다.

줌 회의를 예약해 인사를 나누고 인터뷰를 시작했다. 처음에는 약간 어색했지만, 몇 가지 편안한 질문을 던지며 이야기를 나누다 보니 금세 진지한 대화로 이어졌다. 김 씨도 집에서 인터뷰를 하니 더욱 편안해하는 모습이었다. 중간에 잠시 쉬는 시간을 갖고 간식도 먹으며 화장실도 다녀오면서 다시 인터뷰에 몰입했다.

인터뷰 도중 나는 뜨거운 건식 족욕기에 발을 담그며, 두 대의 노트북을 활용해 작업했다. 하나는 화상으로 인터뷰를 진행하는 용도, 다른 하나는 바로 기록을 위한 노트북이었다. 세 시간 가까이 인터뷰를 진행했지만 전혀 피곤하지 않았다. 시간 활용이 자유로워지면서 더 많은 일을 할 수 있다는 장점이 발휘되었다. 인터뷰가 끝난 후에는 바로 밥을 해 먹고 맥주 한 잔을 즐기며 밤 11시가 넘어서 원고 정리 작업을 시작했다.

화상 인터뷰로 많은 일이 편리해졌고, 물리적인 수고가 줄어들었다. 집에 있어도, 심지어 여행을 가서도 인터넷만 있으면 언제 어디서나 일을 할 수 있게 되었다. 코로나로 인해 일이 줄어들지 않고 오히려 새로운 방식으로 일하게 되었다는 점은 매우 긍정적이다.

또 다른 예로, 다른 출판사에서 진행한 인터뷰를 내 스타일로 재구성해 글로 만든 적도 있다. 녹취록을 제공 받아 글을 만들어내는 작업도 있었고, 자료를 받아 책으로 만들기도 했다.

언택트 시대를 거치면서 작가로서의 삶은 크게 달라졌다. 비대면 인터뷰와 온라인 작업 덕분에 시간과 장소에 구애받지 않고 더 많은 일을 할 수 있게 되었으며, 새로운 기회가 자연스레 늘어났다. 시공간을 초월하여 인터뷰를 진행하고, 필요한 작업을 효율적으로 처리하며, 물리적인 수고 없이 글을 쓸 수 있는 환경이 마련된 덕분에 작가로서의 삶은 훨씬 확장되었다.

이제는 언제 어디서나 작업을 할 수 있는 자유와 유연성을 누리며, 더욱 풍성하고 다양한 글쓰기 작업을 이어가고 있다.

비대면 사회로 넘어오면서 많은 업종에서 손실을 경험했지만,
작가의 삶은 오히려 언택트 시대에 적합하게 진화했다.
비대면 인터뷰와 온라인 작업이 가능해지면서
시간과 장소에서 자유로워졌다.
기회는 늘 위기와 함께 온다. 중요한 건 역시 꾸준함이다.

공모전 수상금으로 혼수 준비를?

　공모전 수상금으로 혼수 준비를 끝낸 여자가 있다. 바로 《삽질정신》(다산북스, 2008)의 저자 박신영 씨다. '전설의 공모전 여왕 빡신의 무한열정 다이어리' 라는 부제로 책이 주목받았는데, 가진 건 오직 열정뿐이던 대학 시절의 치열한 도전으로 많은 이들의 공감을 얻었다. 돈도 없고 빽도 없었던 그녀는 대학 시절, 공모전 파기에 돌입후 제일기획 대상(2년 연속), LG애드 대상 등 23개의 공모전에서 수상하며 대단한 성과를 거두었다. 그 후 그녀는 대학생들 사이에서 '대학생이 만나고 싶은 대학생 1위'에 오르며, '공모전 상금으로 혼수 준비를 다 끝냈다'는 전설적인 공모전 여왕으로 이름을 떨쳤다.

　나 역시 박신영 씨처럼 공모전 수상금과 상품을 살림에 보탠 적이 있다. 처음으로 시도했던 공모전 수상 경험을 잊지 못한다. 모 교육회사에서 주최한 '꿈에 관한 수기 공모'였다. 그때 받은 상금은 100달러였고, 직접 수령하러 가서 인터뷰도 하고, 관련 내용이 사보에 실리기도 했다. 외국계 교육회사에서 주최한 공모전이었고 100달러가 주는 상징적인 의미가 있었다. 물론 지금은 취업을 위한 스펙 쌓기로 공모전을 활용하는 경우가 많다. 하지만 공모전 수상이 반드시 성공적인 취업이나 장밋빛 커리어로 이어지는 것은 아니다. 그럼에도 공모전은 많은 이들에게 잠재력을 깨우는 좋은 도전이 될 수 있으며, 발표일을 기다리며 느끼는 스릴과 긴장감은 또 다른 즐거움이다.

이후에도 여러 글쓰기 관련 공모전에서 소소한 성과를 얻었다. 모 가구회사의 스토리 공모전에서 대상을 수상해 80만 원 상당의 무빙 데스크를 받았고, 수필 공모전에서 30만 원 상당의 상금을 받기도 했다. 또한, 〈좋은생각〉 잡지에 글이 실려 문화상품권이나 도서상품권을 받기도 했다. 의류회사 공모전에서는 상품권을, 관광 콘텐츠 공모전에서는 숙박권을 받기도 했다.

전문 작가가 아니어도 공모전으로 의외의 수입을 얻을 수 있는 방법은 생각보다 많다. 공모전에 참여하려는 이들에게 몇 가지 팁을 소개하고자 한다.

글쓰기 공모전 팁

글쓰기에 관심이 많으면 다양한 공모전에 문을 두드려볼 것을 적극 추천한다. 글쓰기와 관련된 공모전은 네이밍, 슬로건, 수기, 논문,

74

독후감(서평), 콘텐츠 공모, 광고, 마케팅, 시나리오 등이 있다. 수기와 독후감은 전문성을 요하는 논문 보다는 비교적 부담감이 적다. 검색창에 '공모전'이라고 쓰면 수많은 공모전 관련 사이트가 뜬다. 아래 사이트를 중심으로 다양한 공모전 사이트를 둘러본 다음 자신에게 맞는 공모전을 공략해 보도록 한다.

- **씽유** https://thinkyou.co.kr/contest/
- **씽굿** https://www.thinkcontest.com/
- **위비티** https://www.wevity.com/
- **콘테스트코리아** https://www.contestkorea.com/
- **티핑** https://www.tippingkorea.co.kr/kr/
- **링커리어** https://linkareer.com/
- **대티즌** https://www.detizen.com/

공모전 사이트는 적어도 주 1회 정도 방문하여 새로운 공고를 확인하는 것이 좋다. 처음에는 상금이 적더라도 작은 공모전부터 차근차근 준비하는 것이 중요하다. 특히 공기업이나 대기업 주최의 공모전은 경쟁률이 매우 높기 때문에, 중견·중소·벤처기업에서 주관하는 공모전부터 도전하는 것이 더 효과적일 수 있다. 작은 공모전에서 수상 경험을 쌓고, 그 후에는 점차 큰 공공기관이나 대기업 공모전으로 도전하는 것이 좋은 전략이다.

모든 공모전의 공통 사항은 주최자의 의도를 정확히 파악하는 것이다. 주제에 대해 깊이 이해하고, 공모전 주최 기관의 홈페이지를 분석하면서 해당 공모전에 대해 철저히 연구하는 것이 중요하다. 만약 주제가 추상적이라면, 이전 수상작들을 참고하여 글의 형식을 익히는 것도 좋은 방법이다. 수상작을 찾을 수 없다면, 주최 측에 전화해서 '수상작을 볼 수 있는지' 또는 '어떤 형식의 글을 원하는지' 물어보는 것도 도움이 된다. 주최 기관은 대개 자신들의 행사에 관심을 갖는 것을 긍정적으로 평가하므로, 관심을 표현하는 것만으로도 좋은 인상을 남길 수 있다.

또한, 자료 조사가 중요하다. 일부 공모전은 기본적인 지식을 요구할 수 있기 때문에, 사전 공부가 반드시 필요하다. 예를 들어, 독후감 공모전에 참여할 때는 해당 책을 여러 번 읽고, 중요한 부분은 포스트잇으로 표시해 두는 것이 유용하다. 비슷한 느낌이 드는 부분은 같은 색상의 포스트잇으로 구분해서 체크하면, 나중에 글을 쓸 때 도움이 된다. 글을 쓰는 과정에서 이러한 작은 팁들이 큰 차이를 만든다.

글을 다 쓴 후에는 관련 분야 전문가나 지인에게 검토를 부탁하는 것도 좋은 방법이다. 해당 분야를 잘 아는 사람으로부터 틀린 정보나 부족한 부분을 수정받을 수 있다. 내 글을 읽어줄 지인들에게 글의 피드백을 얻는 것도 필요하다. 누구나 쉽게 이해할 수 있는지, 문장이 잘 읽혀지는지에 대한 조언을 들을 수 있다. 공모전에서 작은 성취를 얻는 경험은 자신감과 도전 의식을 높여주며, 이러한 경험은 다른 도전으로 이어질 가능성을 높인다. 지금 당장 공모전 사이트를 둘러보며, 수익 창출이 되는 글쓰기의 새로운 기회를 찾아보는 것은 어떨까?

글쓰기 관련 공모전의 포인트는 주최자의 의도를
정확히 파악하는 데 있다.
자료 조사, 사전 공부도 반드시 필요하며,
상금이 적더라도 작은 공모전부터 차근차근 준비하여 수상 경험을 쌓고,
점차 큰 공공기관이나 대기업 공모전으로 도전하는 전략이 좋다.
공모전에서 작은 성취를 얻는 경험은 자신감과 도전 의식을 높여주며,
이러한 경험은 다른 도전을 하게 해준다.

대필작가로도 일합니다

2010년에 개봉한 영화 〈유령 작가〉는 로만 폴란스키 감독이 연출하고 이완 맥그리거가 주연을 맡은 작품이다. 이 영화는 의뢰받은 사람을 대신해 글을 쓰는 대필작가(유령 작가)가 주인공으로 등장한다. 주인공 닉은 에이전시를 통해 영국 전 총리 애덤 랭의 자서전 집필 업무를 맡게 되며, 미국의 외딴 섬에서 한 달간 글을 쓰기로 하고 25만 달러, 즉 약 3억 원의 보수를 받는다. 그러나 그 과정에서 거대한 음모를 발견한 주인공이 진실을 파헤쳐 나가는 긴장감 가득한 스릴러물이다.

영화를 보면서 '대필작가가 모두 엄청난 돈을 버는가?'라는 생각이 들 수도 있겠지만 이것은 오산이다. 현실에서 거액의 대필료를 받는 경우는 드물다. 일부 대필작가들은 1천만 원에서 2천만 원 이상의 원고료를 받았다는 이야기도 하지만, 작업 비용은 케이스마다 천차만별이기 때문에 단정짓기는 어렵다. 자서전은 대단한 문장력이나 문학성이 요구되지 않는 대신, 매끄럽고 읽기 쉬운 평이한 문장 수준이면 충분히 책 한 권을 만들어낼 수 있다. 영화와 현실은 큰 차이를 보이며, 대필작가의 세계는 생각보다 복잡하고 다양하다.

대필작가는 주로 다른 사람의 자서전이나 회고록 등을 대신 써주는 일을 한다. 영어로는 '고스트라이터(ghostwriter)'라고 부른다. 글의 일부를 쓰기도 하고, 전체를 재구성하기도 하며, 새롭게 창작하기도 한다. 자신의 이름으로 발표할 수 없고, 출판사의 기획 의도나 의뢰인의 기호에 맞게 써야 한다.

대체로 정치인이나 기업인, 연예인 등 유명인들이 성공담, 회고록, 자서전 등의 책을 만들 때 대필작가의 도움을 받는다. 요즘에는 글쓰기에 익숙하지 않거나 일정이 바빠서 쓸 여유가 없는 일반인들도 개인 저서를 출간할 때 대필작가를 고용하여 작업하는 경우도 있다.

대필에 대한 부정적인 시선은 여전히 존재한다. 과거에는 문학작품 대필로 인해 논란이 일기도 했는데, 이것은 한국 사회의 간판주의와 문학계 및 출판계의 도덕적 문제를 지적하는 계기가 되기도 했다. 그러나 스타급 작가가 아닌 경우, 글쓰기로 생계를 유지하기 어려운 현실에서 대필작가는 하나의 대안이 될 수 있다. 문예창작과 출신들이 습작 기간 동안 아르바이트로 대필을 하며 경험을 쌓는 경우도 많다. 이들은 이름 없는 작가로서 대필 경력을 쌓아가며 글쓰기 노동자로 살아간다.

그렇다면 대필이 필요악일까? 남몰래 숨어서 해야 하는 일인가?

사실 대필은 불법적이거나 부도덕한 일이 아니다. 현재의 출판 시스템에서는 대필이 어쩔 수 없이 필요한 일이 될 수밖에 없다. 책은 상품이며, 출판사는 이를 통해 이윤을 추구하는 기업이다. 따라서 팔 수 있는 콘텐츠를 지속적으로 발굴해야 한다. 비공식적인 집계에 따르면, 대필작가의 노동으로 만들어진 책이 전체 출간물의 70~80%를 차지한다고 한다. 이러한 이름 없는 유령작가들을 단순히 생계형 작가로만 비하할 수는 없다. 그들은 출판계의 중요한 일원으로, 글쓰기 노동자로서의 가치를 지니고 있다.

책 한 권을 만드는 과정은 저자와 출판사만의 작업이 아니라, 다양한 전문가들의 협력이 필요하다. 편집자, 디자이너, 번역가, 삽화가, 그림작가, 글작가, 윤문가, 교정교열자 등 여러 역할이 함께 어우러져야 비로소 책이 완성된다. 이 과정에서 대필작가도 출판 생태계의 보이지 않는 힘으로 작용한다.

대필작가로 참여한 경우, 때때로 책에 자신의 이름이 들어가기도 한다. 스토리 작가나 자료 재구성 등의 역할로 이름이 올라가는 것이다. 이는 대필작가에게 작은 존재감을 부여하는 기회가 되어주며 대필작가로서의 경력을 쌓는 데도 긍정적인 영향을 미칠 수 있다.

대필작가로서 한두 권의 책을 작업한 후 손을 놓는 경우도 있고, 작업이 생길 때마다 비정기적으로 대필을 이어가는 사람들도 있다. 수년간 작업을 하면서 나름의 요령과 기준을 갖는다면 대필 작가 스스로 자기만의 스타일과 작업 방식을 발전시킬 수도 있다. 타인이 평가할 수 없는 자신만의 기준을 세우고, 이를 바탕으로 지속적으로 자신의 업을 이어나가게 될 것이다.

대필작가는 문학과 콘텐츠 산업에서 나름의 역할을 한다. 작가의 목소리를 대변하고, 독자에게 새로운 이야기를 전달하면서 창작과 예술의 경계를 확장하는 역할을 한 셈이다.

나 역시 대필작가로 경제적 자유를 얻지는 못했지만 끝없이 글을 쓸 수 있는 기회를 부여받았다는 사실 자체가 감사할 따름이다.

첫 대필 작업은 우연히 시작되었다.

"대필 작업 한번 해보실래요?" 라는 제안을 모 출판사 대표로부터 받은 것이 계기였다. 그렇게 시작한 일이 계속 이어졌고, 점차 글을 맡기는 사람들이 늘어나면서 비공식적인 관계망을 통해 개인적으로 대필 작업을 진행하게 되었다.

이후에는 출판사에서 몇 차례 제안을 받았다. 주로 기획 출판을 하는 곳이었다. 책을 쓰고 싶어 출판사에 문의를 한 사람들이 대필작가를 연결해달라고 부탁하는 경우였다. 출판사를 통해 몇 건의 작업을 하면서 계약 과정이 조금 더 안전해졌다. 출판사가 계약 대행을 맡았기 때문이다. 하지만 출판사가 중간에 개입하면서 대필을 의뢰한 사람이 실제로 어느 정도의 예산으로 작업을 진행하는지는 알 수 없었다. 나는 출판사가 지급하는 대략적인 금액만 받을 뿐이었다. 출판사는 원고료뿐 아니라 책을 제작하는 비용까지 포함해 계약하기 때문에 실제로 더 높은 금액으로 계약했을 가능성이 높다. 다만, 출판사를 통해 일할 때는 작업료가 지나치게 낮게 책정되는 경우가 많았다. 지나고 보니 터무니없이 적은 금액이었다는 생각도 든다.

그럼에도 불구하고 꾸준히 일을 할 수 있어 다행이었다. 힘든 만큼 단기적인 수입은 늘었고, 다양한 사람들의 책을 쓸 기회를 얻었다. 기업체 사장, 아나운서, 대학교수, 쇼호스트, 마케터, 독서교육 전문가, 시·도의원, 국회의원, 시장, 구청장, 청년CEO, 인플루언서, 대기업 임원, 장애인 여성 등 사회의 다양한 계층의 사람들의 책 작업을 맡으면서 인생의 새로운 경험까지 쌓아갈 수 있었다.

의뢰인이 과정과 결과물에 만족하며 웃음을 지을 때, 자연스레 나는 이 분야에서 점차 필요한 사람이 되었다.

그렇게 10년 넘는 시간 동안 20여 권 이상의 대필책을 출간했다.

하지만 이건 뭐랄까, 내가 낳은 자식이지만 입양을 보내는 것 같은 기분이다. 책이 나오면 의뢰한 사람의 이름으로 온오프라인 서점에 놓이게 된다. 글 작업에 대한 비용만 받고, 다른 인세는 받지 못한다.

대필작가로 활동하는 이유는 여러 가지가 있을 수 있지만, 글을 쉬지 않고 쓸 수 있으며, 경제적인 수익을 얻고자 하는 것이 큰 이유라고 할 수 있다.

출판사 외에 개인적으로, 내가 쓴 책이나 블로그를 통해 의뢰를 해주시는 분들도 간간이 있었다. 한 권의 책을 제작하는데 수백만 원에서 천만 원 가까이 든다고 하면 보통 평범한 사람들은 망설이기 마련이다. 자서전을 꼭 출판해야 하는 이유가 아니라면 고민을 더 해보라고 말씀드린다. 일반인들이 굳이 돈을 주고서 자서전을 대필할 이유는 크게 없다.

가끔 이런 질문도 받는다.
"제가 쓴 글이 있는데, 자서전 형태로 정리해 주시면 비용이 얼마인가요? 저렴하게 가능한가요?"
그럴 때는 단호히 "힘듭니다"라고 대답한다. 다른 사람이 쓴 글을 다시 읽고 검토하는 작업은 오히려 처음부터 새로 쓰는 것보다 훨씬 많은 품이 들기 때문이다. 대부분 전문적으로 글을 쓰는 사람이 아닌 경우, 문장력이 부족하고 내용 전달이 제대로 되지 않는 경우가 많다. 아무리 자신의 인생 이야기라고 해도, 독자를 염두에 두고 읽히는 글을 써야 한다. 그러나 글을 쓰다 보면 하고 싶은 말이 너무 많아져, 결국 정리가 되지 않은 '아무말 대잔치'가 되곤 한다. 그런 글을 읽다 보면 머리가 터질 것 같은 순간이 온다.

종종 본인이 이미 글을 다 썼다며 비용을 반값으로 깎아달라고 하거나, 단순히 교정 비용만 요청하는 경우도 많다. 하지만 이런 작업은 단순히 교정과 교열로 끝날 일이 아니다. 제대로 된 결과물을 만들기 위해서는 교정 작업뿐 아니라 출판 기획까지 반드시 함께 이루어져야 하므로 결코 만만하지 않다. 섣불리 시작했다가는 예상보다 훨씬 많은 시간이 걸리고, 골치 아픈 상황에 빠질 가능성이 크다.

　나는 공식적인 사업체를 만들어 활동하지 않기 때문에 개인적인 소개로 작업을 의뢰받는 경우가 많았다. 지금까지 정치인이나 기업인 등의 자서전을 작업했던 경험도 100% 소개를 통해 이루어졌다. 알음알음 이어진 인맥으로 사람들이 연락해주었고, 그렇게 일이 시작되었다. 우선 전화로 대략적인 요구사항을 파악한 뒤 직접 대면 미팅을 진행했다. 소개를 통해 글을 써 드렸던 정치인이 또 다른 사람을 소개해준 적도 있다. 이런 식으로 의뢰가 이어지는 경우가 대부분이었다.

　개인 자서전 외에도 공동체 구술 기록 작업이나 마을 기록 같은 일은 공공기관에서 직접 의뢰해오는 경우도 있었다. 이는 내가 지역에서 오랫동안 시민기자로 활동하며 쌓아온 인맥 덕분이었다.

　마을만들기, 공동체사업, 도시재생사업 등은 지자체의 주요 과제 중 하나인데, 이러한 사업에서 빠질 수 없는 작업이 바로 기록물 제작이다. 글이나 영상 형태로 사업의 성과를 정리하거나 지역 어르신들의 삶을 구술로 기록하는 작업 등을 맡았다. 주로 일을 의뢰했던 기관은 도시재생지원센터, 마을만들기협의회, 장애인단체, 문화원, 박물관, 미술관 등이었다. 이들은 사업의 성과를 정리한 결과보고서를 만들거나 지역적 의미를 담은 기록물을 제작하기 위해 글 작업을 요청했다. 공공기관 및 지역 단체와의 협업을 통해 다양한 기록 작업을 경험할 수 있었다.

흥미로운 경험도 했다. 심지어 길을 걷다가 캐스팅된 적도 있다. 여행지에서 시장을 구경하며 먹거리를 시식하던 중, 한과를 판매하시던 상인과 이야기를 나누게 되었는데 직업에 대해 몇 마디 주고받는 사이, 내가 글을 쓰는 사람이라는 것을 알게 되자 그분이 깜짝 놀라며 이렇게 말했다.

"책을 꼭 내고 싶었는데, 어디서부터 시작해야 할지 전혀 몰랐어요!"
그렇게 명함을 주고받고, 내가 진행했던 작업들을 설명했다. 대화 끝에 즉석에서 구두 계약이 이루어졌고, 석 달 만에 집필을 마쳐 책을 출간할 수 있었다.

지금껏 대필작가로 글을 쓰면서 약속을 지키고 마감 기한을 준수하려고 노력했다. 최소한 서로 합의한 작업 날짜를 미룬 적은 없다. 다른 스케줄을 조정하면서 최대한 빨리 작업을 하려고 애썼다.

내가 쓰고 싶은 글을 쓰는 일이 아니기 때문에, 당연히 의뢰인의 조건에 맞추어야 한다. 개인적인 스케줄 때문에 원고가 늦어지면 미안한 일이기 때문이다. 쓰기 힘든 글도 있고, 술술 잘 써지는 글도 있지만, 영감이 올 때만 기다렸다가 몰아 쓸 수 없다. 샘플 원고를 작성하고 목차 작업을 하면서 원고를 쭉쭉 써 나가야 한다. 계약을 하고 일을 진행한 이상 뒤로 후퇴할 수 없다. 약속을 지키는 것을 철칙으로 여기고, 맡은 원고는 정해진 날짜에 꼭 완성하려고 노력했다.

기계적으로 글을 쓰는 훈련이 될 뿐 아니라 빠른 시간 안에 구상하고 글로 풀어가는 힘도 생겼다. 각기 다른 삶을 살아온 사람들의 이야기를 글로 표현해야 하기 때문에, 포인트를 잘 짚어내고 컨셉을 찾아내는 능력이 중요하다. 여러 번 작업을 하다 보니 전체를 구상하는 기획력도 키워졌다. 어떤 글을 쓰더라도 목표에 맞게 써내는 나만의 기술을 얻게 되었다고 할 수 있다. 목적에 맞는 글을 쓰는 훈련이 자연스럽게 이루어진 셈이다.

이 과정에서 얻어지는 물질적 보상도 물론 적지 않았다. 하지만 기대하거나 원하는 만큼의 원고료를 항상 받아온 것은 아니었다. 처음 정해진 작업료를 상식 이하로 깎는 경우도 있었고, 제대로 내 가치를 인정받지 못했다는 생각에 기운이 빠진 적도 많다.

내가 들인 시간과 노력에 비해 결과적으로 얻게 되는 보상이 적을 때는 만족감이 떨어지기도 한다. 그럼에도 불구하고 다음에 있을 기회를 생각하며 닥치는 대로 일을 받아들였다.

어떤 일을 하더라도 노력과 보상이 일치하는 경우는 드물다. 생각보다 적은 노력으로 큰 보상을 얻을 때도 있고, 아무리 애써도 보상이 터무니없이 적을 때도 있다. 과정이 험난하더라도 결과가 좋지 않을 때도 있다. 그럴 때마다 나에게 글값을 주는 모든 이들에게 감사한 마음을 가졌던 초심을 기억한다. 대필을 하지만 어떤 방식으로든 상대에게 도움을 주겠다는 마음을 잃지 않으려고 애썼다.

실제 대필 원고료로 해외 여러 도시에서 한 달 살기 여행을 하기도 했고, 자동차 할부금을 내거나 최신형 노트북을 구입하는 데 쓰기도 했다. 부모님께 경제적인 도움을 드리거나, 기숙사 학교를 다니던 아이의 학비를 충당하였다.

　기회는 사람으로부터 온다. 만남을 통해 관계를 맺고, 글을 쓰는 일에 대해 이야기하다 보면 흥미를 느끼는 사람들이 문의를 해온다. 나는 글쓰기가 다른 사람이 쉽게 대체할 수 없는, 그리고 AI조차 완벽히 대체하기 어려운 일이라고 생각한다. 자서전을 쓰기 위해 한 사람의 인생 이야기를 직접 듣고, 녹음하고, 이를 글로 재구성해 책으로 기획해 나가는 과정은 결코 쉽지 않다. 하지만 몇 번의 작업을 거치며 요령이 생기고, 나만의 작업 방식도 정립되었다.

내 이름 없이 쓴 글의 기쁨과 슬픔

　한번은 나와 비슷한 일을 해온 분의 책을 쓰게 되었다.

　K씨는 책과 관련된 일을 십수 년 이상 해오며 자기만의 영역을 구축한 분이었다. 강의력도 뛰어났고, 전국을 누비며 활발히 활동하고 있었다. 독서라는 주제로 스케일이 큰 사업을 운영하며 사회적인 독서 운동까지 전개해 나가는 모습은 부러울 정도였다. 협회를 꾸려 조직화시키고 독서를 통한 문화를 확산시키는 그의 활동은 업계에서도 인지도가 높았다. 그런 대단한 분이 글을 직접 쓰지 못해 대필 작업을 의뢰했다는 점은 의외였다. 이유를 들어보니 자료는 방대하게

준비되어 있었지만, 이를 글로 엮을 시간이 부족했다고 한다.

　미팅을 하며 서로 독서에 대한 철학이 비슷하다는 걸 알게 되었고, 그분께 배울 점도 많아 일이 흥미롭게 여겨졌다. 그래서 수락했다. 작업을 시작하자마자 엄청난 양의 자료가 전달되었는데, 그 내용을 하나하나 검토하는 것만으로도 숨이 막힐 정도였다. 처음에는 "학문적으로 자기 세계를 이루기 위해서는 이 정도의 학습량과 정보수집이 필요하겠구나" 하고 감탄하며 K씨의 연구와 강의 방식을 이해해 나갔다. 그 과정에서 나 역시 많은 도움을 받을 수 있겠다고 생각하며 자료를 흡수했다.

　그러나 막상 목차를 짜고 글을 엮기 시작하니 예상치 못한 어려움에 부딪혔다. 자료를 분석하고 검토하는 일과 그것을 하나의 읽기 좋은 글로 재창조하는 일은 완전히 다른 영역이었다. 특히 전문 지식에 삶의 경험까지 녹아 있는 글을 쓰기 위해서는 의뢰자인 K씨를 깊이 이해해야 했다. 여러 번 인터뷰를 통해 그의 인생 이야기와 책에 대한 애정을 들으며 공감대를 형성해 나갔다. 나와 K씨는 취향면에서 비슷한 점이 많았고, 지금껏 해왔던 일도 오버랩되는 지점이 있었기 때문에 서로 배우는 과정이라 여기며 대필 작업을 수락하고 일을 진행시켰다.

　한 챕터를 쓰던 중, K씨가 약간 무리한 부탁을 해 왔다. "○장의 내용은 소라샘이 경험한 부분을 녹여내서도 무리가 없을 듯해요. 비슷한 경험도 많으셨고, 제가 아는 바와도 일치하기 때문에 자연스럽지 않을까요!"

뭔가 찜찜한 기분이 들었지만, 나는 "아, 그럴까요? 한번 해보겠습니다" 라고 답했다. 책을 쓰는 동안에는 이상하게도 글이 술술 써졌다. 왜냐하면 그 내용은 K씨의 이야기가 아닌, 바로 내 경험이었기 때문이다. 책 분량의 약 4분의 1을 차지하는 이 내용은 내가 언젠가 써볼 만한 이야기였지만, 당장은 내 책으로 나올 계획이 없었기에 K씨의 책에 포함시켰다.

문제는 책이 나온 이후였다. 책은 K씨의 의도와 방향에 딱 맞게 잘 나왔다. 그는 더욱 자신감을 얻은 듯 활동에 날개를 달고 전국을 누비며 강연과 사업을 확장해 나갔다. 이미 그 분야에서 대가로 인정받는 인물이었기에, 책도 잘 팔리고 강연회도 성공적으로 이어졌다. 약간의 부러움과 시샘이 없었다면 거짓말이겠지만, 그 모든 것은 내 몫이 아니라고 여겼다. 그런데 책을 읽을 때마다 마음속에서 씁쓸한 감정이 올라오는 건 어쩔 수 없었다.

'이건 내 글인데, 내 경험인데, 나의 사유와 생각인데…'
그런 마음이 떠오를 때마다 한동안 울적했다. '무명 작가'로서의 설움이라는 감정이 내 안에 자리를 잡았다.

책이 성공하면서 K씨에게는 더 이상 대필작가가 필요하지 않았다. 서로의 필요가 없어지자 자연스럽게 관계도 끊어졌다. 가끔 SNS를 통해 보이는 K씨의 왕성한 활동과 사업적 성공은 대단했다. 그러나 그와 동시에, 나는 진정성 있는 삶과 성공적인 삶은 전혀 다른 영역이라는 생각을 떨칠 수 없었다. K씨처럼 재능을 사회적으로 발휘해 한 영역에서 성공적으로 자리 잡는 건 아무나 할 수 없는 일이라는 점을 인정하면서도, 부러움과 시기심 때문에 괴로웠다. 그 사건 이후, 출판 시장에 쏟아지는 유명인의 저서 중 상당수가 대필작가나 유능한 편집자에 의해 만들어졌다는 사실을 알게 되었다. 더이상 놀랍지 않은 일이었기에 무덤덤해졌다.

전도연 주연의 드라마 〈인간실격〉을 보면서, 나는 완전히 빠져들고 말았다. 드라마 속 이부정(전도연 분)은 '아무것도 되지 못한 채 길을 잃은 여자'로 소개되며, 직업은 대필작가였다. 그녀는 생계를 위해 가사도우미까지 병행하면서 살아간다. 이부정은 화려하게 성공한 스타 작가 '아란'의 책을 실질적으로 쓴 인물이었지만, 자신은 삶의 내리막길을 걷고 있었다.

성공한 스타 작가와 실패한 듯 보이는 대필작가. 두 인물 간의 극명한 대비는 나 자신과 내 상황을 떠올리게 했다. 나는 그 드라마를 보며 마음 깊은 곳에서 공감했고, 오래도록 그 여운에서 벗어날 수 없었다.

나 역시 드라마처럼 극단적인 경우는 아니더라도 비슷한 경우를 경험하고 나니 마음 한 쪽이 구멍 뚫린 듯 허전하기만 했다. 뭐든 열심히 하면서 애쓰고 살았지만 어느 순간 무엇도 이루지 못했구나를 깨닫고 난 후 공허함이 찾아왔다. 삶이 소모적이라는 생각이 들거나, 내가 쌓아온 무언가를 타인에게 주는 일이 아깝기도 했다. 내 인생의 가치가 퇴색되는 듯한 기분에 사로잡힌 적도 있었다.

다행인지 불행인지 나의 슬럼프는 오래 가지 않았고 또다시 대필 작업을 선택하면서 나름의 이유를 찾아나갔다.

고민이 깊지 않아서였을까, 재능이 출중하지 않아서였을까.

나는 우연히 대필작가의 길로 들어서서 20여 권 이상 대필책을 출간했다.
대필 작업은 책이 나온 후 자식을 입양 보내는 듯한 기분이 들지만
꾸준히 일을 할 수 있어 다행이었고,
힘든 만큼 단기적인 수입이 늘어서 좋았다.
대필작가로 경제적 자유를 얻게 된 것은 아니지만
끝없이 글을 쓸 수 있는 기회를 부여받았다는 사실은 만족스럽다.

2부•

글로 남긴 많은 흔적들

패럴림픽 영화제 대상을 받다

국문과를 졸업했지만 시, 소설, 희곡 등을 창작하는 일은 거리가 멀었다. 상상력이 부족한 탓인지, 창작훈련을 하지 않은 때문인지 허구의 이야기를 담아낸 형태의 글은 그동안 써보지 못했다. 쓰는 사람은 이미 작가라 하지만 얼마 전까지만 해도 문학적인 글쓰기는 꼭 '등단'이라는 제도를 거쳐 검증을 받아야만 하는 높은 성처럼 여겨졌다.

실제로 십수 년 전만 해도 글을 쓸 수 있는 사람은 시인, 소설가, 교수, 기자 등 특정 직업군만 가능하다고 생각했다. 그러나 이제는 등단 제도로만 작가가 되는 것은 별로 합리적이지 않다고 생각하는 추세다. 내가 유용하게 사용하고 있는 DAUM포털의 '브런치스토리'의 경우 시, 소설, 동시, 시나리오, 희곡 등을 자유자재로 연재하여 출판계약을 맺기도 하고 실제 영화나 드라마로 2차 가공된 경우도 있다. 웹소설이나 웹툰 같은 장르에서도 재밌는 드라마 소재가 심심찮게 발굴된다. 앞으로의 미래는 더더욱 예측할 수 없기에 글쓰는 이의 가능성을 단정짓는 것은 불필요한 자세이다.

어느 날, 뜻밖의 제안이 들어왔다. 독립영화를 제작하고, 사진을 찍는 교회 선배의 부탁이었는데 아무리 생각해봐도 이 일을 할 적임자가 나라는 것이었다. 한 복지관에서 장애인 독립영화를 제작하려 하는데, 시나리오 작가가 필요하다고 말했다. 지체장애인들의 삶을 바탕으로 한 편의 영화로 완성할 수 있는 시나리오를 써주면 좋겠다고 했다. 시나리오를 바탕으로 촬영을 한 다음, 패럴림픽 영화제에 출품할 계획이었다. 시나리오라는 글의 장르에 대해 문외한이었던 나는 당황스러웠지만, 간곡한 요청에 결국 수락하였고 그냥 시도해보기로 했다.

참여자 여섯 명은 사고로 인해 지체장애인이 된 경우로 대부분 휠체어를 타고 일상을 살았다. 이들의 삶을 한데 모아 현실감 있는 스토리로 구성해야 했다. 한 사람씩 인터뷰하며 삶의 궤적을 파악하고, 이를 통해 큰 틀의 이야기를 구상했다. 구체적인 사건과 인물 관계를 설정하고, 주제와 메시지를 담으며 반전 요소까지 고려해야 했다. 처음 해보는 일이었기에 자료를 찾아보며 시나리오 형식을 배우고, 공부하듯 작업을 이어갔다. 시놉시스를 작성한 후, 대사를 포함한 대본을 완성했다. 영화 감독이 만족할 때까지 수정에 수정을 거듭하며 작업을 완성했다. 짧은 분량임에도 배우들이 대화를 주고받는 방식으로 대사를 쓰는 작업은 쉽지 않았다. 그러나 오랜 시간 소설을 읽어온 경험이 작은 도움이 되었던 것 같다. 그렇게 한 편의 시나리오가 완성되었고, 참여자들은 직접 배우가 되어 자신들의 이야기를 연기하기 시작했다. 연기 연습과 대본 리딩을 거쳐 촬영에 들어갔고, 영화는 점차 형태를 갖추어갔다.

촬영, 편집, 더빙 등을 마친 독립영화는 약 6개월의 대장정을 거쳐 패럴림픽 영화제에 출품했다. 그리고 결과에 대한 놀라운 소식을 듣게 되었다. 이 영화가 대상을 받았다는 것이다. 그날 받은 상금으로 참가한 모두가 저녁을 먹으며 축하를 나누었다. 뿌듯함과 함께 뭉클함이 밀려왔다. 그렇게 나는 시나리오 작가로 데뷔 아닌 데뷔를 하게 되었고, 첫 작품이 대상을 받는 뜻깊은 경험을 하게 되었다. 그 후 또 한 번의 시나리오 작업 요청이 들어왔다. 소개를 통해 다른 지역의 복지관에서 스마트폰 초단편 영화를 위한 시나리오 수업을 의뢰받은 것이다. 한 번 해본 경험이 있었기에 덜 부담스러웠고, 다시금 도전을 이어갈 수 있었다.

이러한 작업은 작업료에 대한 기준이 정해져 있지 않은 경우가 많아 적절한 비용을 책정하기 힘들다. 일을 의뢰한 복지관의 특성상 고액의 원고료를 받기란 불가능했다. 비용은 인터뷰를 기반으로 한 스토리텔링 작업이었기 때문에 나 같은 경우 2시간 기준 15만원에서 20만원 선으로 지급받았다. 인터뷰를 위한 질문지 작성과 현장 방문, 실제 인터뷰, 작성한 글을 납품하는 것까지 포함되었기에 결코 큰 금액은 아니다. 일반적으로 인터뷰를 전문으로 하는 프리랜서 기자들의 경우 2~3페이지 분량의 완성된 인터뷰 기사를 완성할 경우 30~50만원 선의 시장 가격이 정해져 있다. 현장 방문 거리나 시간 소요 등에 따라 출장비가 포함될 수도 있다.

여전히 창작의 영역은 어렵고 두렵다. 내가 할 수 없는 일이라는 생각이 들 때도 많다. 하지만 새로운 기회가 주어진다면, 특히 흥미로운 프로젝트라면 마다할 이유는 없다. 이미 한 번 해낸 경험이 있으니, 새로운 가능성을 열어볼 용기도 생겼다.

낯선 장르, 시나리오를 써달라는 제안을 받고, 일단 시도했다.
약 6개월의 대장정을 거쳐 만들어진 영화는
패럴림픽 영화제에 출품되었고, 대상을 받았다!
그렇게 독립영화 시나리오 작가로
데뷔 아닌 데뷔를 하게 되었고,
첫 작품이 대상을 받는 뜻깊은 경험도 해보았다.

낭독 도서 제작, 귀로 읽는 책

　요청이 들어오는 일은 거의 마다하지 않으며, 다양한 글쓰기 작업을 새롭게 시도해나가는 전천후 작가로 살아가고 있다. 할 수 있는 일은 가급적 수락하다 보니 점차 새로운 세계를 경험하는 폭이 넓어졌다.

　글쓰는 일이 재미있는 이유는 매번 창의적인 시각이 요구되기 때문이다. 같은 방식으로 일해본 적이 한번도 없었고, 주제나 소재 역시 매번 달랐다.

　어떤 사람들은 안정적이고 변함없는 일을 선호하지만, 나는 지루함을 견디지 못하는 쪽이었다. 초등학교 고학년 무렵부터 집과 학교를 오가는 길조차 매번 새로운 경로를 찾곤 했다. 직선거리는 재미없고, 매일 다니던 길은 지루했다. 아파트 곳곳의 숨겨진 장소를 찾아내기도 하고, 다른 동네까지 원정을 다니면서 머릿속에 나만의 지도를 만들어냈다. 새로 생기는 가게를 유심히 살피고, 아이들이 잘 가지 않는 구석진 길을 찾아다녔다. 위험한 일이 없어서 다행이었지만 그때는 혼자 탐험하듯 동네를 돌아다니는 게 즐거웠다. 어쩌다 보니 지금 살아가는 방식도 어린 시절의 그런 패턴과 크게 다르지 않다. 서울에 있는 시각장애인 도서관과 인연이 닿아 낭독 도서를 만들게 된 경험도 마찬가지였다.

한국학생점자도서관에서 시각장애 자녀를 둔 부모 대상으로 에세이 쓰기 강의를 한 이력이 있었는데, 담당자는 오래 전 내가 블로그에 썼던 강의 후기 내용을 보고 연락을 해왔다.

블로그는 여전히 나의 인생 전반에 대한 기록 창구로서 혹은 일을 통한 홍보 매개체로서 잘 사용하고 있다. 일기를 쓰듯이 나의 활동 하나하나를 쌓아 올려놓은 블로그는 나를 알리는 수단으로 그 역할을 톡톡히 하고 있다.

대부분의 사람들은 읽고 싶은 책이 생기면 서점이나 도서관에 가서 책을 구해 읽는다. 하지만 시각장애인들은 원하는 책을 자유롭게 읽기 어렵다. 책을 읽기 위해서는 희망 도서가 녹음 도서 및 점자책으로 제작되어야 한다. 물론 요즘에는 유튜브나 전자책 플랫폼에서도 낭독 콘텐츠를 접할 수 있지만, 여전히 시각장애인들은 독서라는 행위에서 소외되기 쉽다. 장애인의 독서권이 법적으로 보장되어야 한다는 목소리가 커지고 있는 이유다. 기술 발전으로 AI 스피커를 통해 도서를 접할 수도 있지만, 이를 활용하는 장애인은 소수에 불과하다.

내가 했던 작업은 시각장애인을 위한 녹음 도서 제작 과정의 첫 단계를 돕는 일이었다. 낭독 봉사자들이 읽기 쉽게 원고를 정리하고, 문장을 다듬었다. 녹음 도서는 전문 성우가 제작하기도 하지만, 대부분은 일반인이 재능기부로 참여한다. 성우나 아나운서 중에서도 낭독 봉사를 하는 분들이 많다. 듣는 이들은 오직 음성만으로 내용을 이해해야 하므로, 낭독자는 정확한 발음과 적절한 속도, 편안한 목소리를 유지해야 한다. 또한 텍스트의 오류를 그대로 읽지 않도록 교정·교열 과정이 필수이며, 띄어쓰기도 세심히 신경 써야 한다.

장애인을 위한 녹음 도서를 제작하며 시각장애인의 고충을 간접적으로 느꼈다. 한 권의 책이 완성되기까지 긴 시간이 필요하고, 그 과정에 드는 비용이 상상을 초월한다는 점도 알게 되었다. 점자로 도서를 변환하는 작업 역시 하나하나 손으로 검수해야 하며, 이 과정엔 전문 인력이 반드시 필요하다.

예산이 축소되면서 작업을 꾸준히 이어가지는 못했지만, 10여 권의 책을 녹음 도서로 제작하는 데 동참했다. 다만 시각장애인을 위한 도서이다 보니, 제작된 결과물을 들어볼 수 없었던 점은 아쉽다. 저작권법에 따라 비시각장애인은 녹음 도서를 이용할 수 없기 때문이다. 그럼에도 이 작업을 통해 새로운 일이 연결되었는데 바로 시각장애인들과 함께 독서토론을 진행하는 프로그램이다.

일반인들이 책을 읽고 토론하는 프로그램은 흔하지만, 시각장애인들에게는 낯선 영역이다. 지정된 책을 녹음 도서(혹은 점자도서)로 읽어오는 과제를 냈더니, 어떤 참가자는 같은 책을 열 번 이상 듣고 또 들었다고 한다. 같은 책을 반복해서 읽으며 완전히 몰입했다는 그들의 이야기를 들으며 나 스스로 부끄러운 마음이 들었다. 한 글자라도 놓치지 않으려는 그들의 진지한 태도와 몰입이 고스란히 느껴졌기 때문이다.

글쓰는 일을 하며 돈의 액수가 일을 수락하는 기준이 된 적은 없다. 원고료가 없거나 적은 경우에도 가치 있는 일이라 판단되면 기꺼이 동참했다. 경제적 대가로만 일의 중요도를 판단할 수 없다고 믿기 때문이다. 때로는 내 재능과 노동이 세상을 조금 더 나은 방향으로 변화시키는 데 기여할 때 살아 있음을 느낀다. 세상에서 나의 쓸모를 인정받는 순간은 아이러니하게도 누군가를 힘껏 돕는 마음을 가질 때이다. 인간이 행복해지기 위해서는 결국 다른 사람을 행복하게 해주어야 한다.

블로그는 나의 인생 전반에 대한 기록 창구이자 홍보 매개체이다.
일기를 쓰듯이 나의 활동 하나하나를 쌓아 올려놓은 블로그는
여전히 나를 알리는 수단으로 역할을 톡톡히 하고 있다.

장애인 남성들과 함께 미국을 횡단하다

　오래 전부터 여행하듯 일하는 삶을 꿈꿨다. 20대 시절 논술 출제 및 교육회사에 소속되어 일하면서, 매년 대학별 논술 입시 경향 분석에 관련한 강연과 대면 첨삭 수업을 했다. 부산, 대구, 창원, 포항, 광주, 대전, 전주 등 전국의 고등학교를 다녔는데, 제주도 출장까지 갈 수 있는 기회가 생겼다. 보름 정도의 강연 일정이었는데 망설임 없이 일을 수락했던 이유는, 일과 여행을 동시에 할 수 있는 기회를 놓칠 수 없었기 때문이다.

　그 이후 결혼하고 임신과 출산 이후 육아를 하면서까지 관련 일을 계속했다. 짧은 시간을 압축적으로 사용하면서 상당한 수입을 벌 수 있는 일이었기에 완전히 놓을 수가 없었다. 안타깝게도 회사의 자금 사정이 어려워지면서 운영난으로 폐업을 하게 되자 할 수 없이 일도 그만두었다. 지나고 나서 생각해보니 적절한 시점에 일이 끝난 것 같다. 내 인생에서 다음 단계로 나아갈 수 있는 계기가 된 측면도 있었으니 말이다.

일과 여행이 하나로 결합되어 일거양득을 이루는 재밌는 프로젝트는 내 인생에서 여전히 이어지고 있다. 2019년 여름, 50대 남성 장애인들과 함께 미국 여행을 떠난 일이 바로 그것이다.

"작가님, 저희와 함께 미국 대륙횡단 여행하면서 글을 써 주실 수 있나요?"라는 제안을 받았을 때, 나는 주저 없이 답했다. 가능 여부만 확인하고, 일정이 겹치더라도 무조건 떠나겠다고 마음먹었다. 여행과 일이 결합된 이런 기회를 놓칠 수 없었다. 한 달간의 미국 여행이라니, 여행도 하고 돈도 벌 수 있는 기회였기에 더욱 그렇다.

일반적으로 한 달간의 미국 여행 경비가 1인당 1,500만원이라고 하는데, 대략 그 정도의 비용을 받았다. 한 달 동안 장애인 남성들과 여행하고, 인터뷰하고, 글을 써서 여행 후 책 출간까지 하는 것이 포함된 일이라면 비용적으로 적다고 느낄 수도 있다. 그렇지만 여행을 좋아하는 나에게는 '거저 여행하는 기분'을 낼 수 있는 일거리였다.

함께한 분들은 모두 시민기자를 하면서 여러 번 인터뷰와 행사 취재에서 만났던 분들이었고 이전에도 크고 작은 프로젝트를 함께한 적이 있었다. 정치인 C의 자서전을 쓰기도 했고, 지체장애인협회 회장직을 맡고 있는 K의 단체에서 장애인 대상 글쓰기 수업을 한 적도 있다. 사진작가인 S의 전시회를 다녀와 기사를 쓰기도 했다. 지역에서 선한 영향력을 펼치고 계시는 분들이라는 것을 알았기에 미국 대륙횡단 여행도 충분히 잘 해낼 수 있을 거라고 믿었다.

K는 휠체어를 사용하는 장애인으로, 전직 태권도 선수였다. 그러나 시합 도중 큰 사고를 당해 20대부터 장애인이 되었다. S는 거동이 가능하지만 목발을 짚고 이동해야 한다. 아주 어릴 때 소아마비로 장애를 얻었다. C는 20대에 큰 교통사고를 당해 여러 차례 대수술을 받고, 6개월 동안 병원에서 누워있다가 살아난 분이다. 이들과 함께 장애인의 활동 보조를 돕는 H의 역할도 꼭 필요했다. H는 장거리 운전, 무거운 짐 싣고 내리기, 휠체어 접고 펼치는 일, 장보기, 설거지, 빨래 등 일상 생활의 모든 활동에 도움을 주었다. 사실 K, S, C, H는 학창시절부터 형 동생처럼 지내온 사이였고 허물없이 지내온 세월이 길었던 만큼 장거리 여행을 함께해도 어려움이 없을 거라고 생각했다. 여행을 좋아하는 이들 넷은 평소에도 잘 어울리면서 어떻게 하면 삶을 즐길 수 있을까를 상상하곤 했다.

"할리 데이비슨 타고, 미국 대륙을 횡단하면 어떤 기분일까. 죽기 전에 그런 멋진 여행 한번 가봐야 하는데 말야!"

평범한 나날을 보내며 함께 모여 술 한잔 기울일 때 여행에 관한 꿈을 신나게 이야기하다가, 그들은 일제히 "아니 못할 게 뭐 있어?"라며 갑작스레 의지를 불태웠다. 그리고 실행 목록을 구체적으로 하나씩 정하기 시작했다. 비록 바이크로 대륙 횡단은 하지 못할지언정, 본인들이 할 수 있는 범위 안에서 3주간의 여행을 계획했다.

여행 일정은 시카고에서 LA까지, 미국의 1번 국도인 루트66을 따라 대륙을 횡단하는 것이었다. 텀블벅 펀딩과 개인 후원을 통해 여행 경비를 마련했다. 좋은 일에 참여한다는 자부심도 컸지만, 일상에서 몸이 불편한 사람들과 만날 기회가 적고 더구나 장애인과 함께 여행을 해본 경험이 전혀 없었던 나에게도 이 여행은 큰 도전이었다.

비행기를 타고 내리고, 기내에서 13시간을 보내고, 여행지에서 휠체어를 타고 이동하며 숙소를 찾고 밥을 먹는 모든 일은 매 순간이 난관의 연속이었다. 비장애인에게 일상적이고 자연스러운 일들이, 장애인들에게는 문턱이 높은 도전처럼 느껴졌다. 시카고 공항에 도착하자마자, 세 분은 얼굴빛이 달라지며 화장실을 찾기 시작했다. 알고 보니 13시간 동안 기내에서 화장실을 한 번도 안 가셨고, 기내식과 음료, 맥주조차 드시지 않았다고 했다.

"배고프지 않으셨어요? 어떻게 참으셨어요?"라고 물었더니, 한 분이 이렇게 답했다. "생리현상을 참지 못하면 감당하기 힘들고, 누군가에게 피해를 줄 수 있다는 생각에 참은 거죠."

여행의 시작부터 알 수 없는 혼란에 빠졌다. 처음에는 단순히 작가로서 기록과 관찰자의 역할만 충실하면 된다고 생각했다. 그러나 시간이 지날수록 내게 주어진 책무를 넘어서, 보고 듣고 느낀 것이 많았다. 호기심과 궁금증으로 시작된 일이었지만, 점차 미안함이 들었고, 내가 뭔가 도움이 되어야 하지 않을까 하는 고민이 생겼다. 하지만 몸이 불편한 세 분을 배려하고 참아야 하는 상황이 반복되면서, 몸과 정신이 피곤해졌다.

시카고에서 시작해 세인트루이스, 스프링필드, 털사, 오클라호마시티, 애머릴로, 산타로사, 앨버커키, 플래그스태프, 킹맨, 바스토를 거쳐 LA까지, 미국의 대도시뿐만 아니라 루트66을 따라 마주한 작은 소도시들에도 머물렀다. 가장 큰 문제는 최소한 3개 이상의 방과 휠체어 진입로가 마련된 숙소를 찾는 것이었다. 호텔은 취사가 불가능했기 때문에, 에어비앤비를 통해 가정집 형태의 숙소를 찾았다. 처음부터 끝까지 모든 일정을 예약한 것이 아니어서, 이동하면서 숙소를 알아보고 예약했다. 경비를 아끼기 위해 아침과 저녁은 숙소에서 직접 해먹고, 점심만 외식으로 해결했다.

여행 중반쯤, 그랜드캐년을 가기 위해 애리조나 주의 '플래그스태프'에서 머물렀을 때가 기억에 남는다. 그들은 '이번 여행에서 그랜드캐년에서 일출을 꼭 보자'며 비장한 각오를 다졌다. 플래그스태프에서 그랜드캐년까지는 약 두 시간 거리였다. 그랜드캐년이 있는 지역의 숙소는 비쌌으며 장애인들이 이용하기 편리한 시설은 부족했다. 결국 거리가 먼 도시에 숙소를 구해 머물 수밖에 없었다.

그랜드캐년으로 향하던 날, 주차 및 장애인 버스 이용에 대한 정보를 미리 확인하고 새벽 일출을 보기 위해 떠났다. 그랜드캐년 국립공원은 주차장에서부터 편하게 탈 수 있는 장애인 버스가 있었고, 일출 전망대 역시 계단이 아닌 휠체어 이동이 편리한 경사로 구조였다. 새벽 일출을 보기 위해 많은 사람들이 모여 들었는데 특히 휠체어를 타고 온 미국인들이 정말 많다는 사실에 놀라웠다.

어스름한 하늘에서 황금빛이 타오르며 웅장한 협곡 위로 동그랗고 빨간 해가 떠올랐다. 알 수 없는 감동과 희열이 밀려왔다. 그동안의 피로와 긴장이 한꺼번에 사라지는 듯했다.

여행 초반에 K, S, C가 다소 소극적이었던 이유는 나중에 알게 되었다. 무리한 일정으로 몸이 상하거나 다치면 동행자들에게 큰 피해를 줄 수 있다는 두려움에서 비롯된 것이었다. 비장애인들도 장기 체류하는 여행을 하면 체력이 떨어지기 마련인데, 매일 400~600km씩 이동하는 장거리 여행이 엄청난 부담이었을 것이다. 소화가 안 될까 봐 음식을 적게 먹고, 화장실에 자주 가는 것을 피하기 위해 술이나 커피도 마시지 않았다. 장애인에게 여행은 단순한 불편함을 넘어서 생명을 걸고 도전하는 일이 될 수 있었다. 휠체어를 타는 K는 항상 노심초사했지만, 욕실에서 한 번 휠체어가 미끄러져 골반에 통증을 느끼기도 했다. 아프다고 하소연하면 다음 일정에 차질이 생길까 봐 꾹 참았다는 사실도 나중에서야 알았다.

이 여행을 통해 자연스럽게 '장애 감수성'이 생겼다. 장애인들의 삶을 가까이에서 섬세하게 기록하며 그동안 몰랐던 세계를 경험했다. 살아오면서 타인의 처지나 고통을 온전히 이해하지 못했던 나는 이 시간을 통해 아픔을 공감하는 법을 배워나갔다. 무사히 한국으로 돌아온 후, 한 달 뒤 여행기를 마무리하고 펀딩에 참여한 사람들에게 책을 리워드로 제공하였다. K, S, C는 자신들의 평범한 여행이 이렇게 빛나는 성취로 기록되었다며 매우 기뻐했다. 여행기는 드라마틱한 순간들로 구성되었고, 관찰자였던 작가인 나의 개인적인 감상은 크게 드러나지 않았다. 대신 50대 장애인 남성들의 용기와 도전적인 스토리가 중심이 되었다. 커다란 카페를 빌려 출판 기념회를 열고, 화려한 토크 콘서트를 했다. 여행이 단순히 먹고 마시고 구경하는 것으로 끝나지 않고, 책이라는 결과물로 만들어졌다는 사실은 그들에게 인생 최고의 순간으로 기억되었다.

그때 만들어진 미국 여행기 《루트66을 달리는 세 남자 이야기》는 온오프라인 서점에서 판매되었다. 책의 제목을 밝힐 수 있는 이유는 스토리 작가로서 내 이름이 올라갔기 때문이다. 지금은 책이 절판되었지만 그들의 삶은 계속해서 빛나고 있다. 이들은 정치인, 방송인, 사진작가 등으로 왕성한 활동을 이어가는 중이다.

"작가님, 저희와 함께 미국 대륙횡단 여행하면서
글을 써 주실 수 있나요?"
제안을 받았을 때, 나는 주저 없이 OK했다.
여행과 일이 결합된 이런 기회를 놓칠 수 없었다.
한 달간의 미국 여행이라니!
여행도 하고 돈도 벌고 장애인들의 삶을 가까이에서
섬세하게 기록하며 몰랐던 세계를 경험하게 되었다.

마을기록물에 공동체의 기억을 담아내다

십수 년 전부터 전국 지자체에서는 '마을공동체'라는 이름으로 다양한 주민 사업을 시작했다. 지원 사업을 통해 주민들이 공동체 활동에 참여할 수 있도록 지역에서 많은 예산을 투자하고 있다. 이를 통해 마을 구성원들은 유대감을 형성하며 벽화 그리기, 마을길 조성하기, 공동육아, 마을 텃밭 가꾸기 같은 활동에 참여하고, 취미 활동과 연계된 소모임도 만들게 되었다.

그동안 산업화로 인해 개인주의가 만연하면서 이웃 간의 관심 부족으로 여러 사회적 문제가 발생했다. 이러한 문제를 해결하기 위해 국가가 복지 정책에 막대한 예산을 투입했지만 한계에 부딪히게 되면서 주민들의 자발적인 힘으로 공동체의 문제를 해결해보려는 움직임이 생겼다.

이제 마을공동체 사업은 시·군·구·동 단위로 점차 확대되며 체계가 잡혀가고 있고, 시간이 흐르면서 영상물이나 책 등의 기록물로 남기는 경우가 많아지고 있다. 자연히 공동체 활동을 기록하는 과정에서 인터뷰를 진행하거나 책자를 제작하는 일도 활발히 이루어지고 있다.

개인의 서사를 넘어 공동체의 서사를 남기는 작업은 앞으로도 중요하게 여겨질 것이다. 개인의 삶은 자서전으로 기록될 수 있지만, 공동체 활동은 동네의 역사로 남는다. 마을공동체 기록 사업은 단순히 '살기 좋은 우리 동네'라고 미화하는 데 그치지 않고, 참여자들의 성장 과정과 공동체가 발전해 가는 이야기를 담는다. 갈등을 해결하고 치유하며 관계를 개선하는 과정 자체가 소중하기 때문이다.

나 역시 마을공동체 사업에 관심이 많아서 '마을 미디어'라는 이름으로 마을 신문, 마을 라디오 등의 활동을 이어나갔다. 이는 개인적인 글쓰기의 영역을 마을 단위로 확장시킬 수 있는 기회가 되었다.

마을 신문 기자는 '시민기자'와 조금 다르다. 지면으로 발행하는 인쇄매체인 만큼 공을 더 들여야 하고, 동 단위의 지역으로 한정된 신문이기 때문에 '매의 눈'으로 동네 소식을 찾아내야 한다. 자연스럽게 내가 살고 있는 동네의 뉴스 거리를 찾아내고, 주민센터를 자주 가거나 동네 골목을 샅샅이 뒤지는 등의 행보를 이어나갔다.

마을 라디오의 경우 동네 소식을 팟캐스트로 제작하면서 '팟빵' 플랫폼에 올렸는데, 3년 동안 100편의 에피소드를 제작했다. 함께하는 마을 미디어 팀과 협업을 하여 다양한 라디오 코너를 만들어보았다. 이때 처음 라디오 대본도 써봤다.

몇 년 동안 마을 미디어 활동을 하다 보니 마을 신문 만들기와 마을 라디오 제작에 관한 강의를 하는 일도 생겼다. 우리 동네의 미디어 활동을 타 지역에 알리거나 홍보하는 일이 생겼다. 자연스레 해당 공공기관의 담당자들과 안면을 트고, 일이 연결될 수 있는 부탁을 받기도 했다. 수원시에 있던 담당자가 타 지역으로 거처를 옮겨가면서 교육에 관한 요청을 해주시기도 했다. 한 가지 활동을 꾸준히 했을 때 이어지는 연결고리는 대부분 다른 일로 확장되었다.

경기도의 한 마을에서 3년간 이어온 마을공동체 사업의 결과물을 기록하고 책으로 제작하는 작업에 참여해달라는 요청을 받게 된 것도 그러했다. 해당 사업 담당자가 필요한 인력을 찾았을 때 누군가가 "김소라 작가에게 연락해보세요"라는 조언을 했다는 것이다.

마을공동체 활동은 여러 측면에서 인연의 연결고리가 이어지고, 특히 글을 매개로 한 일들은 사람에 대한 애정을 깊게 한다. 마을공동체 기록물 사업은 공동체 사업 참가자를 만나 인터뷰하고 활동의 변천사를 정리하는 일이었다.

공동체 활동가들은 대부분 "혼자서 하는 일이 아니기 때문에 어려움과 갈등도 많았어요"라는 이야기를 들려준다. 마음이 맞지 않아 관계가 틀어지거나 방향성이 달라지는 경우도 있었고, 지원금을 올바르게 사용하는 문제도 쉽지 않았다. 특히, 일부에게만 이익이 돌아가는 일이 없어야 한다는 점에서 더욱 신중한 관리가 필요했다.

무엇보다도 개인적인 생업과 가정사를 병행하며 마을 일을 위해 애쓰는 사람들의 모습에서 진정한 헌신을 느낄 수 있었다. 무엇에 가치를 두는가에 따라 삶의 모습은 달라진다. 어떤 사람은 개인적인 성장과 부의 축적에 집중하지만, 또 다른 사람은 함께 잘 사는 공동체를 위해 헌신한다.

인터뷰를 하며 만난 대부분의 사람들은 매우 이타적이고 봉사 정신이 투철했다. 처음에는 아무것도 모른 채 마을공동체 사업에 참여했지만, 이웃을 돌아보며 마을의 발전을 고민하는 과정에서 나 자신의 삶 또한 성장했다는 자기성찰적 고백을 전한다.

동네의 이야기를 제대로 담으려면 단순히 지역의 역사뿐만 아니라, 사람들의 정겨운 이야기와 삶의 온기가 스며들어야 한다. 단순히 '살기 좋은 동네'를 강조하는 글이 아니라, 사람들 간의 관계와 끈끈한 정이 느껴지는 글이어야 한다. 마을공동체 사업을 잘한다고 해서 동네 집값이 오르거나 재개발이 되는 것은 아니다. 오히려 경제적 이유와 상관없이 공동체를 일구며 보람을 느끼는 경우가 더 많다. 마을은 주거 공간 이상의 의미를 가지며, 이웃은 새로운 가족이 될 수 있다.

그 보이지 않는 과정을 글로 풀어내는 일이 내 역할이었다. 지역의 터줏대감 같은 토박이도 만나고, 결혼이나 취업을 계기로 이주해 온 사람들과도 이야기를 나누었다. 노후를 위해 대도시에서 이사 온 분들, 장사를 시작하며 마을과 애착이 생긴 분들까지 다채로운 사연을 들었다. 마을을 기록한다는 것은 결국 사람들의 이야기를 듣는 일이었다. 기획 의도가 글에 잘 반영되었을 때, 함께 작업했던 사람으로서 큰 만족감을 느꼈다.

만약에 이러한 마을기록물 작업에 참여하고 싶은 분들이 있다면 동네에서 발행되는 '마을 신문'에 관심을 가져보는 것이 첫 번째 순서다. 마을 신문이나 마을 잡지 혹은 시와 구 등에서 발행하는 소식지 등을 살펴보도록 한다. 대부분 저예산으로 만들어지기 때문에 글쓰는 사람들은 항상 부족하고, 원고료도 턱없이 낮지만 일단 시작해본다면 새로운 글쓰기의 세계를 접할 수 있다.

혹시 마을공동체 사업에 관심이 생긴다면 자신이 직접 공모 사업을 기획하여 마을 신문, 인터뷰집, 기록물 제작 등을 도전해 보아도 좋다. 쉽지 않은 여정이겠지만 충분히 해볼 만한 가치가 있다.

십수 년 전만 해도 맨땅에 헤딩하듯이 나 혼자 방법을 찾아나가면서 마을의 자원을 기록하거나 구술 작업을 했지만 최근에는 다양한 교육 과정이 무료로 진행되고 있다. 여러가지 형태의 시민 기록가 양성과정을 찾아볼 수 있다. 지역의 박물관, 도서관, 문화원 등의 기관에서 무료로 생활사 기록가 양성교육, 지역 기록가 양성과정, 구술 채록 기록가 과정, 마을 기록가 양성교육 등의 교육이 종종 열리고 있다. 대부분 사라져가는 지역의 역사와 문화를 기록하고 보존하는 일이다. 직접 인터뷰 대상자를 선정하고, 현장에서 구술 작업을 실습하여 원고까지 작성하는 일련의 과정을 배울 수 있다.

기록물을 만들기 위해 동네 곳곳을 돌아다니며 주민들과 대화하고, 그들의 이야기에 귀 기울였다. 그러다 보니 우연히 맺어진 인연이 새로운 일로 이어지고, 같은 동네 주민이 아니더라도 대소사에 불러주는 분들이 생겼다. 글을 쓰는 동안 마을에 대한 애정이 깊어져 '이사를 간다면 바로 이곳으로 가고 싶다'는 마음까지 들었다. 정말로 '글을 쓰면 대상을 사랑하게 된다'는 말을 온몸으로 체감하였다.

책이 완성된 후, 조촐하게 열었던 출판 기념회는 마을 잔치처럼 흥겨웠다. 특히 주민 한 분이 "나는 별 볼 일 없는 인생이라 생각했는데, 내 이야기가 이렇게 책에 실렸네!"라며 환히 웃는 모습을 보고 작가로서 뿌듯함을 느꼈다.

삶은 곧 의미를 창조하는 과정이다. 하찮고 보잘것없는 삶은 없다. 모든 사람은 각자의 이유와 가치를 가지고 살아간다. 파울로 코엘료의 《연금술사》에서 산티아고가 자아의 신화를 찾아 떠난 것처럼, 자신의 보물을 찾아 나서는 여정은 곧 더 나은 삶을 만들어가는 과정이다.

마을공동체 기록물 제작은 그 후에도 이어졌다. 양평, 김포, 시흥, 화성, 수원, 안양, 용인, 서울 등 다양한 지역을 다니며 아파트 공동체, 시장 상인회, 다문화 공동체, 예술인 프로젝트 등 여러 형태의 공동체 기록 프로젝트에 참여했다. 주체와 내용은 달랐지만, 글을 쓰는 과정은 비슷했다. 경험이 쌓일수록 익숙해졌고, 일은 점점 더 수월해졌다.

보통 일을 하면 경력에 따라 보수가 달라지고, 인센티브 등이 생기지만 이러한 기록물 제작은 좀 다른 측면이 있다. 정해진 보수가 딱히 없으며, 사업비나 예산에 따라 작가의 원고료가 달라진다. 어느 때는 동네 주민 10여 명을 직접 만나 인터뷰하고, 글을 작성하는데 100만원 정도밖에 못 받은 적도 있었고, 비슷한 작업을 500만원 받고 한 적도 있었다. 한 권의 책에서 한 꼭지 분량의 섹션을 맡아서 원고를 채워넣는 작업도 자주 했는데, 20~30만원 선의 원고료를 받았던 기억이 난다. 직접 공모사업을 따낸 공동체 사업비 300만원의 예산으로 나홀로 취재하여 글을 쓰고, 소책자 형태의 마을잡지를 100부 만들기도 했다. 물론 그 당시에는 의미와 재미를 모두 추구했던 일이니 가능했다.

글쓰기는 학벌이나 자격증 같은 스펙으로 해낼 수 있는 일이 아니다. 오로지 처음부터 끝까지 머리와 눈과 손을 움직이면서 글을 써나가야 한다. 사람들을 직접 만나 다양한 질문으로 인터뷰를 하고, 제공받은 자료를 분석하며 내용을 엮어낸다. 목차를 만들고, 글 전체의 구성을 짜고 나서 본문을 배치하고, 그 후에 내용을 다듬는 과정을 거친다.

때로는 이 과정이 더디고 지지부진해 보일 수 있지만, 정해진 시간 안에 '책'이라는 형태로 모두가 만족할 만한 매끈한 결과물을 만들어

내야 한다. 작가로서 해야 할 일이 두 배, 세 배로 늘어나지만, 그것을 마다하지 않고 할 수 있는 이유는 아마도 그 과정에서 느껴지는 보람과 가치 때문이다. 합리성과 경제성만을 추구하는 자본주의 사회에서는 모든 것을 돈으로 환산할 수 없다. 아무리 머릿속으로 'No'라고 외쳐도, 마음이 먼저 움직이고 끌린다면 어쩔 수 없다.

나는 정치인이나 성공한 사업가, 유명인사의 자서전 대필 업무보다 마을공동체의 기록물을 만드는 일이 훨씬 더 재미있고 즐겁다. 앞으로도 계속 해 보고 싶은 일 중 하나다.

마을기록물 작업에 참여하고 싶다면
동네에서 발행되는 '마을 신문'에 관심을 가져보기를 권한다.
마을 잡지, 시와 구 등에서 발행하는 소식지 등도 살펴본다.
사라져가는 지역의 역사와 문화 및 남겨진 사람들의 증언을
기록하고 보존하는 일이기에 기록은 가치 있다.

구술 기록과 어르신 공동 자서전

화성시의 마을공동체 사업인 '나의 인생, 우리는 역사'(My Life, We are the History)라는 어르신 자서전 제작의 구술 작가로 참여하게 되었다. 70대 이상의 노인들만 사는 동네가 점차 늘어가고 있는 요즘, 어르신들에게 소통의 장을 마련하고, 침체된 마을 분위기를 살리며, 그들의 지나간 생을 돌아보는 취지로 진행된 사업이었다.

화성시 같은 경우 전형적인 도농복합도시인데, 도심과 가까운 농촌과 어촌 마을이라 할지라도 인구의 대다수가 80세 이상의 노인이다. 화성시의 마을공동체 사업에 참여하게 된 것은 담당자가 나의 블로그 및 페이스북 등 SNS의 후기를 보고 직접 연락해주셨기 때문이다. 일의 성과나 결과를 계속 업데이트하며 홍보하는 것은 곧 나의 이력이 되고, 세상에 알릴 수 있는 채널이 된다. 이 기회를 통해 2년간 화성시의 농촌 마을 여섯 곳을 돌아다니면서 어르신들의 공동 자서전을 만드는 작업을 했다.

70대, 80대, 심지어 90대 어르신들과 소통하며 그들의 어린 시절부터 청년기, 중·장년기를 거쳐 지금까지의 삶을 인터뷰 형식으로 기록해 책으로 완성하는 작업이다. 내가 살아온 시간의 두 배 이상을 살아오신 분들과 어떤 공감대를 형성할 수 있을까 고민했지만, 그들의 이야기에 자연스럽게 빠져들게 되었다.

어르신들 중에는 한글을 겨우 읽고 쓸 수 있는 분들도 계셔서 자서전을 직접 쓰는 것은 불가능했다. 함께 모여 주제를 갖고 이야기를 하거나 자연스럽게 대화가 이어지도록 하여 직접 자신의 삶에 대해 풀어내게 했다. 추억의 물건이나 과거의 사진을 갖고 와서 이야기하기도 했다.

나는 어르신들과 대화하기 위해 다양한 소통 기술을 배워야 했다. 항상 웃는 얼굴로 대화하면서 어르신들을 칭찬하는 내용으로 만남을 시작했고, 간단한 레크리에이션 기법 및 미술 치료도 병행했다. 마음을 열고 본인들의 이야기를 꺼내놓기까지 적지 않은 시간이 걸리기 때문이다.

그 과정에서 영상과 프로필 사진 촬영도 병행하여 결국 멋진 한 권의 책이 완성되었다. 사업이 종료된 후에는 출판 기념회도 열려, 마을은 한바탕 들썩이는 잔치가 되었다. 곱게 화장하고 아끼는 한복을 입고 나온 어르신들의 모습을 보니 가슴이 뭉클했다. 자식들이 꽃다발을 들고 부모님을 축하하며 사진을 찍었다. 평범한 사람들의 인생이 한 권의 책에 빛나는 명장면으로 기록된 순간이었다.

마을과 사람을 기록하는 여정

수업 중에 어르신 한 분은 어린 시절 사진을 자랑스럽게 꺼내 보이셨고, 또 다른 분은 떠나간 배우자와 부모님 사진을 보며 눈물을 흘리기도 했다. 결혼식, 돌잔치 등 인생에서 가장 행복했던 순간을 담은 사진을 보며, 당시의 에피소드를 떠올리며 즐거워했다. 각기 다른 과거를 지닌 어르신들은 서로의 이야기를 들으며 공감하고 함께 울고 웃었다. 한 사람의 경험이 모두의 서사로 확장되는 순간이었다.

프로그램 첫날, 자기소개 시간을 가지며 구체적인 연도, 날짜, 장소 등을 숫자로 넣어 문장을 완성해 이야기하도록 했다.

"나는 ○○○○년 ○월 ○일 ○○에서 태어났으며, ○남 ○녀 중 ○째입니다. 어머니 이름은 ○○○이고, 아버지 이름은 ○○○입니다. 부모님은 ○○○으로 생계를 이어나갔습니다. 태어나서 지금까지 나는 ○○○한 인생을 살고 있습니다"

한 문장으로 삶을 압축해 정리할 수는 없지만, 구체적인 날짜와 지명 같은 사실이 들어간 순간, 그 시절의 어떤 장면이 떠오른다. 첫 문장을 제시한 것만으로도, 자연스럽게 그때 그 시절의 이야기가 흘러나온다.

"나는 위안부로 끌려갈까 봐 16살 때 머리 쪽지고 시집 왔어."

"칠남매에 장녀로 태어나서 동생들까지 업어서 키우고, 밥 해 먹이
느라 학교도 못 갔어. 빨래하고 공부 뒷바라지하고…"

"이 동네로 시집을 왔는데 알고 보니 남편이 애가 둘 있더라고. 어
떻게 해야 되나 괴롭고 힘들어서 매일 울었어. 그땐 부모에게 말할
수도 없었거든. 그래도 결혼하고 애 셋 더 낳고 살았는데 전처 자식
까지 다 내가 잘 키웠어."

"아버지가 너무 엄하고 무서워서 도피하려고 시집 갔는데, 남편은
무능력하고 바람피우면서 일찍 혼자 되었지. 우유배달 하면서 애들
키웠어."

"우리 어머니가 딸만 계속 연달아서 낳았는데, 애가 연달아서 죽
는 거야. 내가 어릴 때 맹장으로 너무 아파서 병원에 갔는데, 아버지
가 수술 동의를 안 했어. 금방 죽을 줄 알았던 거지."

지금의 시선으로 보면 어처구니없고 이해 불가능하며, 소설에서나
있을 법한 이야기들이다. 적게는 열여덟 살, 보통 스물한두 살에 모
르는 동네로 시집 와서, 한 동네에서 무려 60년 넘게 살아온 그분들
의 삶을 우리가 어떻게 감히 이해하고 평가할 수 있을까. 지금처럼
현대화된 편리함이 전혀 없던 시절, 온몸으로 뼈를 깎는 노동을 하
며 살아온 그들은 하나같이 "지금이 너무 행복하다"고 말한다.

우연인지 모르겠지만, 어르신 자서전 사업에 참여한 분들은 모두
여성이었다. 남편은 병이나 사고 등으로 일찍 돌아가시고, 홀로 노년

을 보내는 할머니들. 이제 자식들도 다 자라, 더 이상 누구 눈치를 볼 필요도, 고생할 필요도 없단다. 인생의 대소사를 다 치르고 난 후 빈 껍데기만 남은 것 같고 허탈하고 헛헛할 법도 한데, 매 시간마다 웃음꽃이 피었다. 이제는 시집살이 시키는 시어머니도 없고, 얄미운 시누이도, 바람피우거나 사업한다고 돈을 갖다 쓰는 남편도 없지만, 그 시절이 그립다고 눈가에 눈물이 맺힌다. 그들이 보고 싶고, 그립다고. 젊은 시절 자신들의 씩씩하고 용맹했던 삶이 기특하다고 말이다.

마을공동체 사업으로 이루어진 다양한 구술 기록 및 자서전 쓰기 프로그램은 동네마다 유행처럼 번지기 시작했다. 어르신들의 삶 그 자체가 우리 역사라는 사실을 뒤늦게 인식하게 된 것이다. 이제는 늙어서 죽을 날만 기다린다고 하지만, 그들은 하나같이 자기만의 신화를 이루며 잘 살아냈다. 배운 것 없고 가진 것 없이 살았지만, 어느 누구에게도 부끄럽지 않게 살아왔다.

이 작업을 하며 나는 글을 쓴다기보다는 '받아 적는다'는 마음으로 기록했다. 문장을 쓸 때는 조심스러웠고, 다 쓴 후에도 확인 절차가 필요했다. 말이 글로 기록되면서 왜곡되지 않도록, 있는 그대로 담백하게 담아야 했다. 구술 기록 작업은 여러 지역에서 계속 이어졌고, 동네마다 특유의 분위기가 있었다. 대상은 다양했지만, 모두가 누군가가 자신의 이야기를 들어준다는 것에 기쁨을 느꼈다.

이후에는 책뿐만 아니라 영상물로도 비슷한 작업을 해보았다. 카메라 앞에서 제대로 말을 못 하는 분들이어서 좀더 자연스러운 영상물을 담아내기 위해 질문을 하면서 대답을 이끌어내었다. 그분들과 호응하며 웃고 울면서 소통하는 역할을 했다. 매끄럽게 말을 잘 하지 못하는 분들이어서, 맥락에 맞는 내용이 나올 수 있도록 잘 듣고 방향을 잘 이끌어야 했다. 이런 역할은 글쓰기보다는 인터뷰어 본연의 역할에 충실한 일이었다.

추후 글을 어떻게 써야 할지 고민은 잠시 뒤로 미루고, 지금 내 앞에 있는 사람의 말을 잘 듣고 분위기에 몰입했다. 구술한 녹취록을 다시 듣고 문서로 풀어가며 더딘 작업이 이어졌지만, 그것은 새로운 세상을 향하는 문을 여는 일이라고 생각했다. 새로운 동네를 알게 되고, 내가 가보지 못했던 지역을 경험하는 것만으로도 즐거운 일이었다. 여행을 하듯 새로운 곳을 찾고, 낯선 이방인의 눈으로 세상을 바라보며, 나를 끌어당기는 사람들과 진실한 교감을 나누는 일은 그 자체로 인생을 배우는 시간이었다.

이후, 장애인 단체에서 중도 장애인들의 인생을 기록하는 일, 시각 장애인들의 구술사, 발달장애인 부모들의 고충을 기록하는 일, 장애인 활동 보조를 하는 분들의 스토리를 담거나, 여성 장애인들의 삶을 인터뷰하는 작업도 해보았다.

새로운 작업을 시작할 때마다, 그동안 내가 얼마나 협소한 세계에서 살아왔는지 깨닫고 반성한다. 바로 이전까지 내가 옳다고 믿었던 것, 당연하게 여겼던 것이 틀릴 수도 있음을 받아들인다.

절대 친해질 수 없을 거라 생각했던 사람들이 내 앞에 나타나 내가 지닌 가치를 뒤흔들 때, 혼란스러움과 아픔을 느끼기도 한다. 그렇지만 지금의 내가 고정된 실체가 아니듯, 새로운 나를 창조할 수 있는 용기를 얻었다. 또 다른 세계의 사람들을 만날 때마다, 내 삶은 마치 인생 여행을 하는 것 같다. 경치가 근사한 곳이나 유명한 관광지는 아니지만, 대단히 성공한 사람들의 삶을 인터뷰하는 것도 아니지만, 마치 '이상한 나라의 앨리스'가 들어선 마법의 세계처럼 나를 뒤흔들 수 있는 이들을 만나고 있다.

어르신들과 대화하기 위해서는 다양한 소통 기술을 배워야 했다.
항상 웃는 얼굴로 칭찬을 하면서 대화를 시작하고,
간단한 레크리에이션 기법 및 미술 치료도 병행했다.
마음을 열고 본인들의 이야기를 꺼내놓기까지
적지 않은 시간이 걸리기 때문이다.
새로운 작업을 시작할 때마다, 그동안 내가 얼마나 협소한 세계에서
살아왔는지 깨닫고 되돌아보게 된다.

자소서, 탄원서, 이혼사유서, 반성문도 써드려요

"취업을 위한 자소서도 써주시나요?"

"음주운전 처벌 선처를 위한 탄원서를 써줄 수 있나요?"

"변호사님이 이혼사유서를 작성해달라고 하는데, 제가 글을 쓸 자신이 없어요."

"선처를 위해 검사에게 제출할 반성문을 좀 임팩트 있게 써주실 수 있나요?"

나는 법률을 전공하지 않았고, 법적 업무에 경험은 없지만 가끔 행정기관에 제출해야 하는 글을 써달라는 요청을 받는다. 사건의 경위를 듣고 정리한 뒤 글을 써서 원고료를 받는 방식이다. 법적이고 행정적인 언어로 일목요연하게 쓰는 건 물론이고, 의뢰인에게 유리한 방향으로 글을 써야 한다.

자주 있는 일은 아니어서 본업이라고 말하기는 어렵다. 그럼에도 누군가의 인생 이야기를 글로 풀어내다 보면 예상하지 못한 일이 종종 생긴다.

반성문, 이혼사유서, 탄원서 등을 대신 써주면서 사회에서 일어나는 다양한 일을 간접적으로 경험할 수 있었다. 판사나 변호사는 아니지만, 종종 '만약 내가 이 사건을 판결하거나 변호한다면?' 또는 '만약 내가 당사자라면?' 등의 상상을 하게 된다.

이런 경우 작업에 따른 원고료는 책정 기준에 따라 가감한다. 간단한 1장 짜리 사유서 및 탄원서 같은 경우 10만원에서부터 결혼에서 이혼에 이르는 전반적인 사유를 5~10페이지 이내로 쓸 경우 50~70만원을 지급받은 적도 있었다. 취업이나 대입 자소서는 두 시간 컨설팅 비용으로 30만원을 책정했다. 나름의 기준을 정한 다음 의뢰인과 조율해나가는 방식으로 일을 진행한다. (시장의 상황에 따라 변동이 있을 것이다)

30대 여성 P의 이혼사유서를 작성할 때는 오랜 시간이 걸렸다.

초등학생 아이를 키우는 가정주부인 P는 남편의 외도와 거짓말로 인해 마음 고생이 심한 상황이었다. 결혼하고 아이를 낳으며 지낸 과거의 이야기들은 너무나 구구절절했지만, 내가 해야 할 일은 오로지 P의 입장에서 상황을 담은 '이혼사유서'를 쓰는 것이었다.

의뢰인이 물리적으로 먼 거리에 있었기 때문에 온라인 화상회의를 하기로 했고, 예상했던 시간을 훨씬 넘겨 이야기가 이어졌다. 듣는 도중 감정이 올라와 분노를 느꼈지만, 이성을 잃지 않고 P의 입장에서 상황을 정리하려고 애썼다.

P의 이야기를 들어보면, 남편은 결혼 초반부터 지방 근무와 해외 출장이 잦았다. 첫 아이를 임신한 후부터는 중국에서 거의 살다시피 했다. 아이를 낳는 날에도 한국에 돌아오지 않아, 이후로도 P는 대부분 혼자 아이를 키우며 육체적 고단함과 외로움을 감내해야 했다.

P는 남편이 기거하는 중국에 가보겠다고 했지만, 남편은 이를 반대했다. 아이가 두세 살이 되어 여행이 가능해졌지만 남편이 일하는 중국에 가보지 못했다고 했다. 어쨌든 시간이 흐르면서 경제적인 형편이 좋아지면서 살림이 폈다. 남편은 기업에서 승진하며 성과급도 많았고, 신도시의 아파트값도 수억 원씩 오르며 주변인들은 부러워했다.

남편이 없는 동안, P는 시부모님의 암 수술이나 시동생의 결혼 등 크고 작은 대소사를 모두 혼자서 처리했다. 아이의 입학식이나 졸업식에도 혼자 참석했다. 그러나 그 중에서 가장 이상하고 의심스러웠던 점은 남편이 한국에 들어와 있는 동안에도 부부 관계가 전혀 없었다는 사실이었다. 아이를 임신했을 당시부터, 아내의 몸 상태를 고려해 각방을 썼고, 출산 후에도 자연스럽게 그렇게 되었다. 의심과 불안은 점점 커졌지만, 경제적인 능력이 부족한 P는 이를 해결할 방법이 없었다.

그러던 중, 여러 번의 의심스러운 행동 끝에 P는 결국 남편에게 다른 여자가 있다는 사실을 알게 되었다. 남편은 중국에서 현지처와 함께 살고 있었고, 그곳에서 아이까지 낳았다는 충격적인 사실까지 발견했다. 그 상황은 마치 부부클리닉 〈사랑과 전쟁〉 TV 프로그램에서 자주 봤던 이야기와 닮아 있었다.

법적인 용도로 제출해야 하는 '이혼사유서'는 감정적으로 대응해서는 안 되며, 사실을 있는 그대로 담백하게 서술해야 한다. 부부 사이에는 서로 다른 입장이 있을 수 있지만, 최소한 진실을 있는 그대로 기록하는 것이 중요했다. 서너 시간씩 3회 이상 인터뷰를 진행하면서 같은 이야기가 반복되거나 중언부언하는 경우도 있었다. 그런 경우에는 사실에 근거한 내용만을 정확하게 짚어달라고 요청했다.

나의 역할은 최대한 정직하고 정확한 '이혼사유서'를 작성하는 것이었다.

그밖에 탄원서나 반성문 등도 몇 번 작성한 적이 있다. 1%라도 감형에 도움이 되는 상황을 만들기 위해 피의자 입장에서 할 수 있는 모든 노력을 하게 되는데 그중 하나가 탄원서이다. 의뢰인이 피의자였던 적도 있고, 피해자였던 적도 있다.

죄를 저질렀지만 원만한 합의를 위해 탄원서가 필요할 수도 있다. 피해자로서 억울한 심정을 가진 사람들은 가해자의 엄중한 처벌을 요하는 탄원서를 써야 할 때도 있다. 모든 상황은 사실관계에 따라

육하원칙에 기반하여 쓰는 것이 원칙이다. 그렇지만 기계처럼 딱딱 자르듯이 일을 처리할 수 없는 것이 사실이다.

내가 겪어보지 않은 세계에 대해 왈가왈부할 자격은 없다. 어떤 상황이든 그 안에는 그 나름의 이유와 사연이 있다.

얼마 전, 건널목에서 보행신호를 기다리다 말고 무단횡단을 하던 사람들의 대화를 듣게 되었다. 그들 중 한 명이 주변을 살펴보며 "그냥 뛰자! 여긴 신호 안 지켜도 돼, 그냥 건너는 사람들이 더 많아"라고 했다. 사회 규범을 어기거나 잘못을 저지르는 이들은 종종 그 자체로 뉘우치지 않는다. 오히려 더 큰 잘못을 저지른 사람을 떠올리며 자신에게 면죄부를 준다. 내면의 고통을 느끼지 않은 채, 자신을 합리화하며.

'저 사람들의 행동에 비하면 내가 저지르는 건 아무 것도 아니지. 그러니 나는 잘못이 없어.' 이렇게 스스로 변명하며, 자기 합리화의 덫에 빠지게 되면 진실을 제대로 볼 수 없으며 맹목적인 자기 확신만 커진다. 심지어 거짓을 진실로 받아들이게 되면서 자신은 물론 타인까지 속이게 된다. 진실과 거짓을 구분할 수 있는 능력도 잃어버리고, 참된 자아에서 멀어져 간다. 자신을 잃고 살아간다면 그 삶은 살아 있다 해도 진정한 삶이 아니다.

우리가 사는 세상에는 다양한 형태의 괴로움이 존재한다.

가끔 글을 쓰면서 나만의 생각에 갇혀 있을 때가 있다. 이럴 때일수록 자기 합리화에 빠지지 않도록 조심하고, 의식적으로 깨어 있는 마음을 잃지 않는 게 중요하다. 생각의 굴레에서 벗어나 마음을 활짝 열고, 지혜로운 태도를 키워가려고 노력할 뿐이다.

글을 쓰는 이유 중 하나는 그저 무언가를 평가하고 비난하지 않는 태도를 기르기 위해서이기도 하다. 써야 할 글과 써서는 안 될 글이 따로 있는 건 아니다. 어떤 글이든 마음의 균형을 잃지 않고, 내 마음이 어떤 방향으로 흐르고 있는지 관찰해야 할 것이다.

반성문, 이혼사유서, 탄원서 등을 대신 써주면서
사회에서 일어나는 다양한 일을 간접적으로 경험했다.
법적인 지식을 얻게 되는 유익함도 있었다.
글을 쓰는 이유 중 하나는
그저 무언가를 평가하고 비난하지 않는 태도를 기르기 위해서이기도 하다.
써야 할 글과 써서는 안 될 글이 따로 있는 건 아니다.
법적인 글을 쓸 때에는 평정심을 유지하는 기술이 필요하다.

시장님의 연설문,
말을 글로 풀어내는 일

《대통령의 글쓰기》를 써서 일약 글쓰기 강사로서 탑의 자리에 오른 강원국 작가는 이제 대한민국 커뮤니케이션의 고수로 자리매김했다. 대우그룹 회장 비서실 업무를 시작으로, 대통령 비서실 행정관 및 연설 비서관으로도 활동한 그는 정치인의 말과 글을 담당했다. 그는 "김대중은 말을 옮기면 바로 글이 되고, 노무현은 말하면서 글을 만들어낸다"고 말한다. 명연설가였던 김대중, 노무현 전 대통령의 화법과 명쾌한 연설을 그리워하는 사람들이 여전히 많다.

지도자는 말의 영향력과 리더십을 지닌 사람이라고 할 수 있다. 강원국 작가의 책을 읽고 강연을 접하면서, 누군가의 연설문을 글로 적는 사람은 어떤 자세로 읽고 쓰고 사유하는지 배울 수 있었다.

최근 나는 지방 도시의 시장 공보실에서 연락을 받고 시장님의 연설문을 작성했다. 시민들 앞에 자주 모습을 드러내야 하는 시장은 친근한 이미지와 함께, 남녀노소 모두에게 공감을 얻을 수 있는 말의 태도를 보여주어야 한다. 물론 공무원들과 함께 정책적인 토론을 할 때는 다를 수 있지만, 일반 대중에게 비춰지는 시장님은 '동네 아저씨'처럼 정겨운 이미지를 풍기면 좋다. 공보실에서 고민한 부분은 바로 그것이었다.

"우리 시장님이 직접 한 사람씩 만나서 얘기할 때는 괜찮으신 것 같은데, 대중 앞에서 말씀하실 때는 임팩트 있게 감동을 전하는 말씀을 잘 못하세요. 딱딱하고 재미없다는 이미지가 있죠. 혹은 했던 말이 반복되어 식상하게 느껴지기도 합니다. 어떻게 하면 시장님이 일반 시민들을 상대로 편안하게 강연을 시작할 수 있을까요? 스토리텔링 형태로 시장님 강연 원고를 작성해주시면 좋겠습니다."

정말 어려운 미션이 주어졌다. 어떻게 시작해야 할지 막막했다. 정해진 답이 없는 일이기에 머리를 쥐어뜯으며 겨우 연설문 초고를 작성했다. 이때 참고한 영상은 '세상을 바꾸는 15분'이라는 '세바시' 강연 프로그램이었다. 대부분 강연의 초반 2~3분은 강연자가 본인의 인생 서사를 드러낸다. 과거의 자신이 어떤 사람이었는지, 평범했던 자신이 어떻게 자기만의 길을 걷게 되었는지 진솔하게 말한다. 시청자는 1분 이내에 영상을 계속 볼 것인지 말 것인지 결정한다. 아나운서처럼 좋은 발음으로 명료하게 지식을 전달하는 것이 중요한 게 아니라, 대중들의 마음을 움직이는 감동과 공감의 정서가 필요하다.

나는 사전 조사를 충분히 하면서 시장님의 과거사를 파헤쳤다. 시장과 가까운 두세 명에게 물어보며, 어린 시절이나 알려지지 않은 모습에 대해 알아보았다. 그렇게 자기소개 형태의 연설문이 완성되었고, 이후 공보실에서 좀더 수정하여 사용했을 것이다.

말을 글로 옮기고, 그 글을 다시 말로 전달하는 일에 대해 경험을 쌓으면서 결국 '말하기와 글쓰기는 한 쌍이다'라는 생각을 하였다.

말이 글을 닮고, 글은 말을 닮아간다. 마케팅, 제안, 발표, 연설, 주장, 회의, 토론 등 세상에서 인정받고 대중에게 선택받기 위해서는 말을 해야 할 때가 많다. 말을 잘하기 위해서는 반복적인 연습이 필수이며, 글도 익숙해질 때까지 써나가야 한다.

그때 썼던 글이 훌륭한 연설문이었다면, 여기저기 스카웃 제의가 들어왔겠지만 그런 일은 벌어지지 않았다. 나 역시 한 사람에 대한 애정과 깊은 관심이 생겼고, 연설문 작성을 해본 것에 대한 경험으로 충분했다. 개인적으로 정말 훌륭하고 드라마틱한 인생을 살았지만 표현력이 부족하여 대중성이 떨어진다면 얼마나 아쉬울 것인가. 또한 말만 하면 갑옷을 입은 듯 부자연스럽고, 목소리가 떨린다면 남 앞에 서는 일의 부담감이 클 것이다. 연설문이 아무리 좋아도 결국 말하는 사람의 진정성이나 호소력 등이 좌우될 수 있다.

내가 할 수 있는 만큼 최선을 다했다는 것에 의의를 둔다.

상대를 돕고자 하는 마음, 그가 잘 되기를 바라는 마음으로 글을 썼기 때문이다. 불교에서는 한 사람의 영혼에 수백, 수천, 수만 명 이상의 삶이 저장되어 있다고 말한다. 자기 안에 있는 영혼의 기억을 깨우면 예상치 못한 운명의 문이 열리기도 한다. 낯선 경험에 자신을 내맡기며 한 걸음씩 걸어나갈 때, 다른 길이 열리고 새로운 가능성들이 펼쳐지는 것처럼.

어쩌면 그동안 내가 해온 일들이 누군가에게 큰 변화를 일으켰을지도 모른다. 하지만 나 스스로의 성장에 더 큰 의미를 두는 편이다. 글을 쓰는 일은 단순히 다른 사람의 이야기를 대변하는 일이 아니라, 그 이야기를 통해 내 삶의 방향을 다시 한 번 생각하게 만드는 과정이었다. 이제 그 모든 경험들을 마음속에 고이 담아두며, 또 다른 이야기의 주인공이 되기 위한 준비를 한다. 누군가에게 도움이 되기 위해 글을 쓴다는 것, 그것의 효과는 부메랑이 되어 언젠가 나에게 돌아올 거라고 믿을 뿐이다.

말이 글을 닮고, 글은 말을 닮아간다.
마케팅, 제안, 발표, 연설, 주장, 회의, 토론 등
세상에서 인정받고 선택받기 위해서는 말을 해야 할 때가 많다.
말을 잘하기 위해서는 '반복'이 필수이며,
글도 익숙해질 때까지 써나가야 한다.

정치판과 대필작가의 묘한 공생 관계

인터뷰를 하면 한 사람을 다면적으로 이해하게 된다. 지나간 삶을 반추하게 만드는 질문을 던지고, 그 사람의 전 생애를 들여다볼 수 있다. 타인의 이야기를 재료로 글을 쓰는 건 나의 이야기를 쓰는 일과는 다른 차원이다. 일기를 쓰듯이 내 안의 감정과 경험을 쓸 수 없기 때문이다. 아무리 글을 잘 쓴다고 해도 대필작가는 제3자일 수밖에 없다. 가끔씩 내가 자서전 대필을 위해 쓰는 글은 나의 글인가 타인의 글인가 혼동스럽다. 철저히 상대방이 요구하는 글을 써야 할 때면 더더욱 그렇다. 생각을 쥐어짜내고, 감정을 완전히 이입하면서, 오로지 그 사람의 입장만 생각하면서 글을 쓴다.

그럼에도 가치있다고 여기는 것은 인간을 이해하는 좋은 일이 되기 때문이다. 한 사람의 생에는 수많은 경험들이 다양한 방식으로 쌓여간다. 그것들이 어떤 화학작용을 일으켜 성공과 실패와 도전같은 일들을 이루어내는 원료가 될 수 있다는 의미다. 선택의 순간 고

뇌했던 일, 힘들지만 지속하면서 끝까지 해냈던 일 속에는 분명 놀라운 잠재력과 가능성이 존재한다. 그것을 알아가는 것 자체가 사람을 통한 배움이다.

'나라면 과연 그런 선택을 할 수 있을까?'

'문제에 직면했을 때 어떻게 해결해 나가는 힘을 키웠을까?'

이런 질문을 떠올리면서 나에게도 적용하고 대입해보곤 한다. 그러다 보면 그 사람을 존경하고 사랑하게 되며, 공감이 커진다. 나라는 사람의 한계를 알고, 부족함을 인정하고, 겸손해지는 시간. 인터뷰를 하면서 내가 알았던 세계가 전부가 아니라는 것을 알게 되니 세상 모든 것에서 배우려는 자세를 갖게 된다. 다른 사람의 글을 쓰면서 덤으로 얻게 되는 깨달음이랄까.

대필 작업을 하면서 만났던 정치인 D와의 인터뷰 그리고 식사와 술자리까지 이어진 날이 있었다. 유난히 얘기가 길어져서 비서관 두 명과 길고 긴 시간을 보냈다. 술 한 잔을 기울이다 보니 공식적인 인터뷰 자리에서 묻지 못한 것을 스스럼없이 물어볼 수 있었다.

정치인 D의 이야기를 들으며 눈물이 나고 가슴이 찡해졌다. 젊은 시절 하나의 신념과 가치에 온몸을 던져 투쟁하듯 살아온 사람의 내면에는 과연 어떤 믿음이 있는 걸까. 군부 독재 시절 대학생이던 그는 지식인의 고뇌를 품고 평생 대한민국 사회에 대한 부채의식을 갖고 살았다. 또 혼자만 잘 먹고 잘 사는 삶보다는 공동체의 안녕과 행복을 고민했다. 부자로 살기보다는 가난해도 의미있는 일을 하는 것이 옳다는 가치로 살다 보니 처자식 돌보는 가장으로서의 역할을 제대로 하지 못했다. 노동자들이 합당한 권리를 갖도록 하는 일이나 독재 정권 타도하는 것을 삶의 우선이라 여겼다.

D는 경찰에게 수배 당해 전국 여기저기 은신처를 바꿔가면서 몇 년 간 숨어 살아야만 했다. 결혼하고 아이가 태어났는데도 도피 생활 도중 아이를 몰래 보러갈 수밖에 없었다. 아이 백일날 불시에 들이닥친 사복경찰에게 붙들려간 일은 아직도 생생하다면서 흥분했다. 구치소에서 잠을 자지 못하는 고문을 당한 것은 육체적인 폭력보다 심한 고통이었다고 말한다. 보통 사람들이 상상하지도 못하는 일들을 30년 전쯤 온몸으로 겪어낸 분이다. 그 때와 비교하여 우리 사회는 진보하고 나아졌으니 얼마나 다행이고 감사한가.

수십 권의 자료를 참고하고, 인터뷰를 하고, 신문기사나 방송 등을 참조하여 스토리를 엮어갔다. D의 자서전은 세 명의 작가가 교차로 사실 확인하면서 스토리텔링화한 것을 글로 정리한 후, 키워드를 뽑아내어 전달력 있는 편안한 글로 매만지는 작업이었다. 문어체 표현을 구어체 문장으로 바꾸거나, 소설처럼 읽기 쉬운 문장으로 바꾸는 역할을 했다.

"그렇게 수배를 피해가며 민주화운동과 노동운동을 하면서 경제적인 생활은 어떻게 하셨어요?" 물었더니, "아내에게 고맙고 미안하고 감사한 일 중 하나가 아내는 한번도 생활비를 갖고 오라고 말하지 않았어요. 생계 문제에 대해 타박하거나 비난하거나 힘들다는 말을 하지 않은 것이죠." 라고 한다. 어쩌면 부인 역시 사랑보다도 더 깊은 동지애로 믿음을 갖고 사셨던 것일까. 오히려 아내 분의 굳은 믿음과 사랑이 대단하게 여겨졌다.

D의 아내도 사실은 평범한 주부처럼 반찬값을 걱정하거나 아이의 교육을 고민하거나 월세를 마련하느라 전전긍긍했을지도 모른다. 그렇지만 남편의 생사를 알 수 없는 절망적인 상황이 더더욱 막막했을 것이다. 5회차의 긴 인터뷰 끝에, 원고 작업은 차곡차곡 쌓아 올리는 과정으로 이어졌다. 한없이 이어질 것 같은 작업도 결국은 선거 시즌에 맞추어 출간과 함께 끝이 났다.

이렇게 정치인 자서전 작업은 선거철마다 붐을 이룬다. 국회의원 선거, 지방선거 시즌이 다가오면 출판 기념회를 통한 홍보용 자서전 의뢰가 늘어난다. 정치판에서 자서전 출간은 홍보의 필수 과정이 되면서, 대필작가로서 기회도 늘어간다.

한때 여의도의 선거 기획사에서 스카우트 제의를 받은 적도 있었다. 그들은 정치 홍보물, 자서전, 의정보고서 등을 대량으로 제작하며 안정적인 수익을 보장한다고 했다. 하지만 그 제안을 받아들이지 않았다. 붕어빵처럼 찍어내는 천편일률적인 대필은 나를 갉아먹는 일이 될 것이라는 걸 잘 알고 있기 때문이다.

정치인의 자서전을 쓰며 마감과 출간이라는 목표를 향해 달려가는 동안, 때로는 글을 통해 누군가의 이야기를 전한다는 보람을 느끼기도 하고 때로는 대량생산되는 자서전 속에서 내 글이 가진 의미를 잃어버리는 허탈함을 느끼기도 한다. 하지만 모든 작업에는 끝이 있기에 새로운 시작도 가능하다. 내 손끝에서 나온 글이 조금이나마 세상에 좋은 흔적으로 남기를 꿈꾸며 위로를 삼는다.

인터뷰를 하면 한 사람을 다면적으로 이해하게 된다.
지나간 삶을 반추하게 만드는 질문을 던지고,
그 사람의 전 생애를 들여다볼 수 있다.
아무리 글을 잘 쓴다고 해도 대필작가는 제3자일 수밖에 없다.
철저히 상대방이 요구하는 글을 써야 할 때면 더더욱 그렇다.
그 사람의 입장만 생각하면서 글을 쓴다.
그럼에도 가치있다고 여기는 이유는
인간을 이해하는 어떤 방식이 되기 때문이다.
정치인 자서전 작업은 선거철마다 붐을 이룬다.
정치판에서 자서전 출간은 홍보의 필수 과정이 되면서,
대필작가로서 기회도 늘어간다.

시각장애인과 함께한 글쓰기 수업

　글을 쓰면서 정말 다양한 계층과 분야의 사람들을 만나게 된다. 아마 글을 쓰지 않았더라면 관심조차 두지 않았을 세계일지 모른다. 인터뷰 요청이나 시민기자로서 글을 쓰는 일이 늘어나면서 만남의 폭이 자연스럽게 넓어졌다. 시각장애인을 대상으로 한 글쓰기 수업도 그러한 확장의 한 부분이었다.

　서울에 위치한 한 시각장애인 복지관에서 글쓰기 수업을 진행했는데, 참여자는 많지 않았지만 한 사람 한 사람의 인생을 깊이 들여다볼 수 있는 뜻깊은 시간이었다. 수강생은 모두 중도 시각장애를 가진 분들이었으며, 연령대도 다양했다. 50대부터 70대까지, 각자의 삶과 이야기를 글로 풀어내기 시작했다. 수업에서는 에세이처럼 주로 생활을 담은 글을 썼다.

　글을 쓰기 위해 녹음기를 사용하는 분도 있었고, 저시력을 가진 분들은 일반 컴퓨터를 활용하기도 했다. 전맹인 경우 점자 단말기인 '한소네'를 이용해 글을 썼다. 세상을 볼 수 없어도 글을 쓸 수 있다는 사실을 몸소 보여준 그들에게 감사한 마음이 들었다.

'한소네'는 시각장애인을 위한 IT기기로, 시각장애인이 주변에 없거나 관심이 없는 사람이라면 이름조차 생소할 확률이 높다.

이 기기는 음성 출력과 점자 입력을 통해 시각장애인들이 문자 생활을 할 수 있도록 돕는 도구다. 하지만 노트북 한 대보다 훨씬 비싼 가격 때문에 많은 시각장애인들이 쉽게 접근할 수 없다고 한다. 한 대에 약 600만 원에 달하는데, 시각장애인 지원 사업을 통해 일부에게 제공되고 있다. 그렇지만 여전히 수요에 비해 공급은 턱없이 부족하다.

'한소네'를 잘 사용하는 분들은 네이버 검색, 유튜브 시청, 문자나 카톡 발송, 은행 업무, 가계부 작성, 메모, 독서, 음악 감상, 학습 등 노트북으로 할 수 있는 모든 기능을 자유자재로 다룬다. 글쓰기 수업 시간마다 한소네를 활용해 매우 수월하게 글을 쓰는 모습을 보면서 감탄을 금할 수 없다. 비장애인들이 글쓰기를 어려워하며 핑계를 대는 것이 민망하게 느껴질 정도다.

몇 달간의 수업을 통해 수강생들은 공모전에 글을 출품하거나 기관의 소식지에 글을 싣는 등의 성과를 냈다. 사회적 약자로서 시각장애인들이 살아가는 현실이 생생히 담긴 글이었다. 그들의 글을 읽으며 내가 몰랐던 세상을 경험한다. 시각장애인으로 사는 것은 보통 사람들이 평범하다고 생각되는 모든 것들을 어렵고 힘들게 쟁취해야 하는 과정이었다.

그들의 이야기

70대 P는 지하철에서 옆 사람을 실수로 건드렸는데, 상대방은 갑작스레 욕을 하고 소리를 지르기까지 했다. 잘못한 것도 없었지만, 하늘에서 날벼락을 맞은 듯 쏟아지는 욕설에 기분이 상했다. 왜 자신보다 약자인 사람을 도와주지 못할망정 무시하고 함부로 대하는 것일까. 시각장애인으로 살아가면 공공 장소에서 자주 겪는 일이라 한다. 인권이 개선되었다고 하지만 여전히 사람들은 장애인을 동물원의 구경거리처럼 보거나 멀리하려 한다고. 이런 현실에 대한 분노와 속상함을 글에 담았다.

50대 Y는 부모님과의 일화를 썼다. 가족 모임에서 식사를 하러 갔을 때, 자신을 장애인으로 받아들이지 못하는 아버지가 처음 보는 식당 직원에게 "이 자식이 좀 모자라다"고 말한 일이었다. 타인의 시선을 의식한 아버지의 행동은 자식에게 큰 상처였다. Y씨는 아버지에 대한 원망과 미움이 크지만, 어떻게든 자신의 몸을 책임지며 버티고 살아가고 있었다.

60대의 M은 90대 어머니를 주제로 글을 썼다. 허리 통증으로 쓰러진 어머니를 바라보며, 장애를 가진 아들로서 아무것도 할 수 없다는 처지가 한심하다고 했다. 장애를 입고 살아가는 것 자체가 불효라며 평생 고생만 한 어머니 생각에 눈물이 났다고 한다.

이들의 글은 평범하면서도 결코 평범하지 않았다. 시각장애인의 삶을 글로 만나며 오히려 강사인 내가 위로받고 배웠다.

함께 쓴 글, 짧았던 순간의 기록

마지막에는 이 분들이 각자 쓴 글을 모아 작은 책자를 제작하여 복지관에 비치하거나 엘리베이터 게시판 등에 게시하여 세상에 공개했다. 비록 화려한 출판물은 아니었지만, 글을 세상에 내놓는다는 것 자체가 큰 의미를 지닌 작업이었다.

참여자들은 자신의 글이 누군가에게 읽힐 수 있다는 사실만으로도 설레어했다. 글을 쓰는 동안 느꼈던 자부심과 성취감이 고스란히 담긴 소책자는 단순히 글을 모은 기록 이상의 가치가 있었다. 이를 통해 서로의 삶을 공유하고 이해하며, 장애인과 비장애인이 공존하는 사회를 향한 한 걸음을 내딛었다.

소책자를 제작하는 과정도 특별했다. 글을 다듬고 편집하며 참여자들은 자신의 표현이 조금 더 선명해지는 경험을 했다. 몇몇 분들은 "이제 내 이야기가 진짜로 세상에 전해질 것 같다"며 눈시울을 붉히기도 했다.

비록 복지관이라는 한정된 공간 안에서만 배포되었지만, 그 안에서라도 자신의 목소리가 울려 퍼져나갔다. 이 분들의 마음과 삶을 담은 진솔한 글을 엮어 책자를 제작한 작은 시도는 나에게도 따뜻한 추억이다.

글을 쓰면서 정말 다양한 계층과 분야의 사람들을 만나게 되었다.
아마 글을 쓰지 않았더라면 관심조차 두지 않았을 세계일지 모른다.
시각장애인을 대상으로 한 글쓰기 수업도 그러한 확장의 한 부분이었다.
세상을 볼 수 없어도 글을 쓸 수 있다는 사실을
몸소 보여준 그들에게 오히려 감사하다.

다문화 여성을 위한 글쓰기 수업

20대 시절 잠시나마 해외 선교와 봉사를 통해 살아가는 삶을 꿈꿨다. 교회에서 카자흐스탄, 몽골, 베트남 등으로 단기선교여행을 가기도 했고, 수년간 외국인 센터에서 한국어를 가르치는 봉사도 했다. 국제구호활동가인 한비야의 책《지도 밖으로 행군하라》(푸른숲, 2005)를 읽으며 가슴이 쿵쾅거렸고, 언젠가는 내가 나눌 수 있는 무언가를 통해 세상에 좋은 일을 하고 싶었다.

시민기자를 하면서 다문화 여성들이나 이주노동자의 문제에 이끌린 것은 내게 너무도 자연스러운 일이었다.

한번은 베트남, 중국 등의 다문화 여성들을 매주 만나 글쓰기 수업을 하고, 구술 기록으로 완성하여 한 권의 기록물을 만드는 프로젝트를 진행하게 되었다.

수업을 하면서 만난 베트남 국적의 여성, 박서라(가명) 씨는 1993년생으로 대한민국의 평균적인 90년대생과 완전히 다른 삶을 살고 있었다. 베트남 호치민에서 300km 넘게 떨어진 남쪽 끝 섬에서 태어났는데, 그 마을에 전기가 들어온 것은 그녀가 중학생 때였다.

"집안 형편이 좋지 않아서 중학교 입학하고 학교를 스스로 그만뒀어요. 4학년 때부터 아르바이트로 새우 까는 일을 했어요. 새우를 까다 새우 수염에 손이 찔리고 상처 나고, 손을 구부린 채로 계속 일하다 보면 다음 날 손바닥을 펼 수 없을 정도였고, 젓가락질도 못했어요. 엄마에게 도움 드리고 싶어서 푼돈이나마 벌었던 것 같아요."

사실 서라 씨는 초등학생 때 공부하는 것을 좋아해서 국어와 수학도 곧잘 했다고 한다. 어릴 때부터 주변에서 말 잘 한다는 칭찬을 들었고, 변호사가 되고 싶은 꿈도 있었다. 가난한 환경 때문에 중학교 1학년까지 학교를 다니고, 생업에 뛰어들 수밖에 없었지만 누군가를 원망하거나 현실을 탓하지 않았다. 학교를 그만둘 때에도 누군가 시키거나 강요한 일은 아니었다.

집안 환경과 부모님의 형편 등을 핑계로 삶을 회피하거나 감정적인 무기력에 빠져 아무것도 하지 못하는 한국의 20대, 30대가 서라 씨의 삶을 어떻게 평가하고 받아들일 수 있을까.

"아무리 공부를 잘해도 학교를 다닐 수 없는 형편이었고, 빨리 사회로 나가 엄마와 아빠에게 도움을 주고 싶었어요. 한국에 온 것도 같은 이유예요. 한국 남자와 결혼을 하면 경제적으로 도움이 되기 때문에 열아홉 살 때부터 한국에 가고 싶다고 생각했어요. 그래서 베트남 남자와는 연애 한 번 하지 않았어요. 만나본 적도 없었죠."

보통 베트남 여자들이 한국에 와서 결혼하는 대상은 나이 많은 남자들이 많다. 나이 차이 많이 나고, 농촌에 사는 분들이거나 때로는 장애인인 경우도 있다. 하지만 서라 씨는 운 좋게 먼저 한국에 가서 이주 여성이 된 사촌 언니의 소개로 한국 남자를 만나게 되었다. 열여섯 살 차이가 났지만 사람이 좋아 보여 어린 나이에 결혼을 했다. 사랑이나 연애도 사치였고, 자신이 선택할 수 없는 인생이었기에 스무 살에 곧바로 결혼하고 딸도 낳았다.

결혼 이주 여성의 삶을 이토록 가까이에서 보고 들어본 적이 없었다. 개개인의 삶은 하나도 같지 않기에 베트남 결혼 이주 여성들의 인생도 하나같이 다를 것이다. 그렇기 때문에 수업 시간마다 "당신들의 삶을 꼭 써야만 합니다"라고 거듭 강조할 수밖에 없다.

서라 씨는 배움과 성장에 대한 욕구가 컸다. 배우지 못한 아쉬움도 커서 한국에 와서 지독하게 일하면서 새로운 문화와 사회를 습득하려고 애썼다. 한국이 베트남에 비해 발전된 모습이 있고, 자신이 노력만 하면 어떤 일이든 할 수 있는 기회의 땅이라는 점을 직접 겪은 후 부모님과 언니, 형부까지 한국으로 데리고 왔다. 20대에 이미 친정 식구들까지 전부 책임지는 가장으로의 삶을 살았다.

지금은 보험회사에서 설계사로 일하는데, 시작한 지 일 년 되었다. 금융 지식을 배울 수 있으며 사람들을 만나 다양한 삶을 배울 수 있어서 재밌다고 한다. 영업은 학력이나 국적 등과도 상관없이 일할 수 있고 열심히만 하면 돈을 잘 벌 수 있다면서 자신의 잠재력을 활용할 수 있는 기회로 삼고 있다. 거기다가 주말이면 휴대폰 가게에서 외국인들을 상대로 휴대폰 개통 업무까지 하고 있다. 눈 코 뜰 새 없이 바쁜 가운데서도 그녀의 한국에서의 제2의 인생은 만족스럽다.

"한국은 노력만 하면 뭐든지 다 되는 곳 같아요. 부지런히 일하고, 노력하면 보상을 받을 수 있기에 목표를 갖고 열심히 살면 돼요. 한국에 와서 만난 모든 사람들이 좋았어요. 물론 나쁜 사람들도 간혹 있었지만, 좋은 분들을 만난 건 운이 좋았다고 생각해요."

지금까지 한국에서 십 년간 잘 살아왔으니, 다음 십 년 후도 좋은 일만 있을 것이라고 믿고 있다. 그동안 자신에게 투자한 돈이 없다는 생각에 여유 자금이 조금이나마 생기면 일을 줄이고 공부를 해서 중·고등학교 뿐 아니라 대학도 졸업하고 싶어한다.

이런 그녀에게 삶의 원동력은 무엇일까. 비록 가난했지만 시골 마을에서의 추억은 행복한 기억으로 남아 정서적인 기반을 이루게 되었다고 말한다. 전기가 없어서 등유로 불을 켜고, 물건을 사고파는 곳을 가려면 30분 정도 배를 타고 나가야만 하는 오지 마을에 살았어도 아련하고 평온했던 추억만큼은 가슴 속에 빛난다고.

언젠가 다시 나이가 들어 베트남에 돌아가서 사는 꿈을 꾼다.

"내 인생은 스스로 개척해서 살아나간다고 생각해요. 지금 아홉 살 된 딸에게도 자신의 인생을 살라고 말해주고 싶어요. 내가 살아가는 이유는 딸의 장래를 위해서입니다."

모든 사람은 온전한 자기(SELF)를 찾기 위해 태어났다. 예술적인 재능으로 세상을 아름답게 할 수도 있고, 누군가를 편안하게 보듬어주는 정서적인 힘을 지녔을 수도 있다. 경쟁에서 이기고 성취하는 것을 목표로 삼는 사람들도 있고, 구도자의 길을 걷듯이 묵묵히 자신만의 길을 가는 사람들도 있다. 자기 내면의 힘을 발견하고 거침없이 인생의 개척자로 살아가는 그녀의 인생을 응원한다.

다문화 여성들을 매주 만나 글쓰기 수업을 하고,
한 권의 기록물을 만드는 프로젝트를 진행하게 되었다.
결혼 이주 여성의 삶을 이토록 가까이에서 보고 들어본 적이 없다.
개개인의 삶은 하나도 같지 않기에 당연히
이주 여성들의 인생도 하나같이 다를 수밖에.
수업 시간에 "당신들의 삶을 꼭 써내려가야 합니다"라고
매번 거듭 강조할 수밖에 없다.

전직 조폭 농사꾼의 참회록을 쓰다

"작가님, 제 이야기도 책이 될 수 있을까요? 살아온 인생을 돌아보며 반성도 하고, 젊은 친구들에게 저처럼 살지 말라고 말해주고 싶어요. 그런데 도무지 어디서부터 시작해야 할지 모르겠습니다. 학력도 없고 글을 쓸 줄도 몰라서… 작가님의 손을 빌릴 수밖에 없을 것 같습니다."

전화 통화로 작업 의뢰를 받았을 때는 험상궂고 거친 이미지를 연상했지만 막상 제주도의 블루베리 농장에서 만난 Y는 순박함과 성실함이 묻어나는 모습이었다.

그에게는 한때 어둠 속을 헤맸던 과거가 있었다. 열여덟 살, 무작정 집을 나와 완도로 향하는 배에 올랐던 그는 곧 서울 거리에서 방황하는 가출 청소년이 되었다. 가진 것 하나 없는 소년이 할 수 있는 일은 많지 않았다. 자연스레 건달 세계에 발을 들여놓았고, 폭력과 사기, 도박, 배신의 삶에 젖어들며 젊은 시절을 탕진했다. 그 시절, 패기 하나로 두려울 것 없이 살았던 그는 가오를 중시했지만, 결국 남은 것은 전과와 빚뿐이었다.

새로운 시작: 가장 느린 삶으로의 전환

Y는 제주의 자연 속에서 농사를 짓고, 나무를 키워 열매를 딴다. 가장 느리고 정직한 삶을 살아간다. 신기하게도 농사가 재미있다고 그는 말한다. "왜 이런 즐거움을 진작에 알지 못했을까요?"

그는 제주의 바람과 햇살 아래 소박한 삶을 즐기며, 절대로 다시는 어둠의 세계로 돌아가고 싶지 않다고 단언한다. 이제는 정직한 사람들 사이에서 진심으로 사람을 아끼며, 소소한 행복을 누리며 살고 싶다고 했다. 과거 돈을 좇아 살았지만, 결국 남은 것은 아무것도 없었다. 여전히 빚에 허덕이지만, 그는 부끄러운 과거를 숨기고 싶지 않다고 말했다.

"내 이야기가 누군가에게 작은 도움이 되면 좋겠어요. 단 한 사람이라도 제 글을 읽고 마음이 움직인다면, 그걸로 충분합니다."

책은 스스로를 위한 참회이자, 자신으로 인해 상처를 입었던 이들에게 전하는 사과의 편지가 될 것이다. Y는 부끄러움, 미안함, 그리고 새로운 삶을 향한 희망을 책에 담고 싶어 했다.

사람들은 어떤 경로와 인연으로 대필 작업이 이루어졌는지 궁금해한다. 재밌게도 얼굴 한 번 본 적 없는 페이스북 친구가 연결해준 일이었다. 오랫동안 내 글을 팔로우하면서 읽었던 분이었다. 팔로우가 많지는 않지만 그동안 꾸준히 삶의 기록을 남겨 놓았던 SNS계정을 통해 종종 일이 연결될 때가 있다.

블루베리 농장에서의 깨달음

그의 블루베리 농장을 찾아갔을 때, 제주의 맑은 바람과 따스한 햇살을 품은 보랏빛 열매가 그의 투박한 손에서 하나하나 정성스레 태어나고 있었다. 그는 말했다.
"진짜 소중한 시간은 바로 지금, 오늘입니다."

젊은 시절에는 헛된 것을 좇으며 살았지만, 이제는 살아 숨 쉬는 오늘이야말로 가장 행복한 순간임을 깨닫게 되었다. 오십 대 중반에 들어서야 깨달은 이 진리는, 느리지만 단단하게 그의 삶을 붙들어주고 있었다.
Y씨는 이제 자신의 이야기를 통해 누군가의 길잡이가 되고 싶어 한다. 그의 손끝에서 보랏빛으로 익어가는 블루베리처럼, 그의 삶의

이야기도 누군가에게 희망과 위로의 열매가 되어줄 것이다.

다시 시작된 삶, 땅과 함께하다

"어릴 때 점쟁이가 제가 '돈을 깔고 있는 사주'라고 했대요. 그 돈이 뭐냐고요? 이제 보니 땅이더라고요. 진짜 돈은 여기 있더라고요."

땅의 정직함을 깨달았다는 그는 "뿌린 대로 거둔다"는 말을 삶으로 증명해가고 있다. 한때 부모님께 천하의 불효자로 살았던 그였지만, 부모님의 참된 인내와 사랑 덕에 농장을 이어받을 수 있었다. 전문적인 농사 기술을 배운 적은 한 번도 없었으나, 어린 시절 아버지의 어깨 너머로 배운 경험이 몸에 배어 있었다.

"나무가 자식 같아요. 정성을 들이면 열매로 보답하죠. 이보다 더 진실한 건 없더라고요."

비록 과거에 저지른 잘못으로 남겨진 빚 때문에 어렵다고 하지만 그는 욕심을 내려놓았다. "돈을 좇으며 살던 삶을 이제는 내려놓았습니다. 하루하루 최선을 다하면서 땅을 믿고 살아가기로 했어요."

영화보다 더 영화같은 삶

그의 삶은 마치 영화 속 이야기같았다. 신촌 나이트클럽 사건으로 범죄단체 조직에 엮어 92명이 한꺼번에 지명수배자가 되었을 때, 수배를 피해 제주도로 도망쳤다. 결국 자수한 후 6개월간 징역을 살기도 했다. 그러다가 또다시 정선 카지노에 발을 들여놓으면서 도박빚이 3억 생겼다. (현재 가치로 약 30억 원이라고 하니, 얼마나 판돈이 컸던 걸까)

인터뷰를 진행하며 그의 삶에 숨겨진 모험담에 빠져들어갔다. 한 사람의 인생에 이렇게도 많은 이야기가 숨겨져 있다니, 믿기 어려울 정도였다. 과거 어둠의 세계에서 사용되던 은어를 들으며 설명을 추가로 들을 때는 그 세계의 낯섦과 거리감이 피부로 느껴졌다. 그와의 대화를 통해 평범한 삶에서는 상상조차 할 수 없었던 세상의 일면을 엿볼 수 있었다. Y씨는 자신의 이야기가 단순히 과거를 고백하는 데 그치지 않기를 바랐다. 젊은 세대가 그처럼 잘못된 선택을 하지 않도록, 무언가를 깨닫기를 바라는 간절함이 묻어났다.

"내가 열여덟의 나에게 해주고 싶은 말은 단 한 가지예요. 시간을 허비하지 말라고, 인생은 단 한 번뿐이라고."

인터뷰와 글쓰기: 작가로서의 배움

나는 제주와 육지를 오가며 드문드문 6개월 동안 인터뷰를 하고 원고를 다듬어 작은 책 한 권을 완성했다. 그 과정에서 많은 것을 배왔다. 이 작업이 유독 기억에 남고 재밌었던 이유는 Y를 인터뷰하면서 지인들을 만난 과정에 있었다. 미용실을 운영한다는 초등학교 동창, 동문 시장에서 횟집을 운영하는 후배, 서귀포 이중섭 거리에서 카페를 하는 동네 친구 등을 함께 만났다. 제주 현지인만이 갈 수 있는 명소를 알려주었고, 호사스러운 식사도 여러 번 대접받았다. 그리고 체류비 및 항공료를 제외한 500만원의 원고료를 받았다. 제주도를 오갔던 시간 등을 생각하면 큰 돈이 아닐 수도 있지만 나에게는 여행처럼 신나는 일이었다. 두어 달에 한 번씩 제주도 여행 가듯이 일했던 프로젝트로 기억된다.

Y씨의 삶은 단순히 옳고 그름으로 판단할 수 없다. 선과 악, 성공과 실패로 나눌 수 없는 복잡한 이야기가 거기에 있었다. 그의 과거는 결코 변명될 수 없었지만, 현재의 그는 어제와 완전히 다른 사람이었다. 그의 이야기를 글로 옮기면서 나는 "모든 인생은 하나의 완전한 열매이다" 라는 진리를 다시금 깨달았다. 제주에서 블루베리 농장을 일구며 살아가는 그의 모습은 그가 과거를 넘어 새롭게 써내려가는 신화였다.

적당한 이별, 그리고 새로운 출발

책을 마무리하며 우리의 관계도 자연스럽게 끝이 났다.

그는 원하는 것을 얻었고, 나 역시 그의 이야기를 통해 큰 깨달음을 얻었다. 우리는 서로에게 충분한 도움을 주었고 만족스러운 결과를 얻었다. 그의 블루베리 농장은 여전히 보랏빛 열매를 맺으며 쉼없이 성장하고 있을 것이다.

전직 조폭 농사꾼 Y는 스스로를 위한 참회이자,
자신에게 상처를 입었던 이들에게 전하는
사과의 편지를 책으로 엮고자 했다.
부끄러움, 미안함, 그리고 새로운 삶을 향한 희망을 책에 담고 싶어 했다.
"내 이야기가 누군가에게 작은 도움이 되면 좋겠어요.
단 한 사람이라도 제 글을 읽고 마음이 움직인다면,
그걸로 충분합니다."

글로 엮은 관계의 인연

《나의 들소》(가야 비스니에프스키, 미래아이, 2019)라는 그림책이 있다. 주인공 소녀와 들소가 겨울마다 만나 우정을 나누고 함께 늙어가는 이야기다. 시간이 쌓이면서 둘은 말하지 않아도 서로를 알아가는 사이가 된다. 어느 날부터 들소는 소녀를 찾아오지 않고 결국 세상을 떠난다. 소녀도 나이를 먹어간다. 마지막 장면은 떠남으로 끝나지만, 그리 슬프지 않다. 바로 이 구절 때문이다.

"봄에 네가 볼 꽃마다, 숲의 소리마다, 불의 온기 속, 바람 결에, 떨어지는 눈송이 하나하나에 내가 있을 거야…"

나는 모든 사람뿐만 아니라 생명체와 사물에도 보이지 않는 숨결이 깃들어 있다고 믿는다. 한 번 맺은 인연은 그 자체로 소중하고, 어떤 방식으로든 영향을 미치게 마련이다. 그 인연이 내 인생에 플러스로 작용할지 마이너스로 작용할지는 당장 알 수 없다. 글을 쓰기 위해 인터뷰를 했던 수많은 시간들은 다른 세계를 경험하는 과정이었다. 타인의 삶은 조금씩 나에게 스며들고, 보이지 않는 변화가 일어난다. 한두 시간의 인터뷰를 통해 누군가를 완벽하게 이해하기는 어렵지만, 그들의 대답을 들으며, 집으로 돌아가 글을 쓰면서 대상에 대해 생각하게 된다. 녹취본을 들으며 당시의 뉘앙스나 분위기를 떠올리고, 두서없는 말을 편집하면서 '과연 이런 의도였을까?'라는 질문을 스스로에게 던지고 답을 찾아간다.

20년 넘게 글을 쓰면서 다양한 방식의 인터뷰를 진행했다. 오프라인이 만남이 대다수였지만 전화, 화상회의, 이메일 등 다양한 매체를 통해서도 인터뷰를 했다. 첫사랑을 만난 듯 설레는 사람도 있었고, 당시에는 몰랐지만 시간이 지나면서 곱씹을 만큼 기억에 남는 사람도 있었다. 인터뷰는 단지 만남에 그치지 않고, 그들의 색채가 담긴 글을 한 편 두 편 완성하여 책으로 엮기도 했다. 나는 인터뷰 전문 기자는 아니었지만, 어떠한 글을 쓸 때든 인터뷰 방식은 필요했다.

시간과 정성을 들일수록 깊이 있는 글이 나온다는 것도 알게 되었다. 인터뷰이 섭외, 만남, 질문지 작성, 실제 인터뷰, 녹취록 풀기, 글로 재구성하기, 글 다듬기, 책으로 출간하기까지의 과정은 말처럼 쉬운 일이 아니다. 매번 미숙하고 부족하다고 느끼면서도, 세상에 작업물을 내놓는 이유는 100% 완벽한 결과를 얻을 수 없다는 사실을 인정하기 때문이다. 다작을 한다면 완성도는 떨어질 수 있지만, 그만큼 숙련도는 높아진다. 영원히 불완전한 인간으로 살 수밖에 없다는 것을 인정하고 나니 예민함이 사라졌다. 미숙아로 태어나더라도 얼마든지 훌륭하게 성장할 수 있다. 인간은 각자 자기만의 잠재력의 씨 앗을 품고 태어난다. 씨앗이 발현되는 것은 조건과 환경에 따라 다르 다. 마치 엄마 뱃속에서 날짜를 다 채우지 못했다고 해서 세상에 태 어나지 말아야 하는 법은 없는 것처럼. 나 역시 글을 쓰는 작가로서 세상의 기준에 못 미친다고 좌절할 이유는 없다고 생각한다. 어떻게 든 책을 세상에 내놓기 시작하면, 그만큼 성장 가능성도 커진다.

'나'라는 존재는 수많은 관계로 이루어져 있다. 누군가가 세상에서 존재를 감추어도, 그와의 관계에 대한 기억은 남겨진 사람에게 오랫 동안 영향을 미친다. "당신의 이야기를 기꺼이 들어드릴게요. 그리고 기록할게요." 이러한 마음으로 담아낸 시간의 기록이 글이 되었다.

모든 일은 관계의 그물망에서 시작된다. 앞으로도 나는 글쓰기라 는 세계에서 먹고, 놀고, 어울리며 살아갈 것이다.

글을 쓰기 위해 인터뷰하는 시간은 다른 세계를 경험하는 과정이었다.
타인의 삶은 조금씩 나에게 스며들고, 보이지 않는 변화가 일어난다.
한두 시간의 인터뷰를 통해 누군가를 완벽하게 이해하기는 어렵지만,
그들의 대답을 들으며, 대상을 깊이 생각하게 된다.
'과연 이런 의도였을까?'라는 질문을 스스로에게 던지고
상대방의 마음을 적어내려간다.

글쓰기로 대학 강단에 서다

어쩌다 보니 코로나 시기에 모 대학의 교양학부 시간강사로 2년 동안 강의를 맡게 되었다. 책 출간 이후 글쓰기 수업이 이어지면서 다양한 기회가 생겼는데, 그중 하나가 대학 출강이었다.

석박사 학위가 없는 학부 졸업자인 내게 대학 강의 제안이 들어왔다는 사실이 무척 신기했다. 강의 주제는 '나를 브랜딩하는 책쓰기와 마케팅 글쓰기'였다. 강의를 제안해주신 분은 기업에서 취업 특강을 하는 K강사였는데, 그분과 함께 자기소개서 특강을 함께 다닌 적이 있었다. 끊임없이 새로운 방식의 글쓰기를 하는 나의 활동 영역을 눈여겨보신 그 분이 해당 대학의 교수학습지원센터의 담당자를 소개해 주셨다.

코로나19가 아니었다면 그러한 제안을 못 받았을 수도 있고, 나 또한 출강을 하기 힘들었을지도 모른다. 대학은 왕복 세 시간이나 걸리는 지방에 있었는데, 대학측에서도 온라인 강의를 활성화하며 새로운 시도를 하게 된 것 같았다.

나는 학생들에게 다양한 글쓰기 과제를 냈다. 자신의 이야기를 기반으로 스토리를 구성하거나 출판 기획을 염두에 두고 작업하도록 했다. 자기소개서를 쓰는 단순한 과제에서 시작해 자신이 좋아하는 상품의 스토리를 찾거나 지역 관광을 주제로 한 스토리텔링 방법을 연구하는 강의를 했다. 좋아하는 물건이나 장소에서 시작해 관심사를 확장하는 방식을 통해 학생들이 세상에 대한 호기심을 키우길 바랐다.

책 리뷰를 작성해 온라인 계정에 올리거나 맛집 탐방기, 여행 기획서를 써보는 등 과제를 자유롭게 구성했다. 강의를 준비하는 것도 즐거웠지만, 학생들이 쓴 글을 읽고 피드백을 하는 과정 역시 큰 보람이었다. 특히 블로그나 브런치에 글을 쓰기 시작한 학생들이 점차 팔로워를 늘려 온라인 마케팅으로 수입을 얻거나, 인스타그램을 통해 자신만의 개성을 살려 여행 인플루언서로 성장하는 모습을 보기도 했다. 한 학생은 창업 아이템을 구체화해 자신의 이야기를 담은 상품으로 브랜딩을 하고, '온라인 마켓'을 운영하는 것으로 확장시켰다.

이와 같은 학생들의 작은 시도와 변화는 뇌과학에서 말하는 신경 가소성 개념과 맞닿아 있다.

1890년, 미국 심리학자 윌리엄 제임스가 처음 제안한 이 개념은 뇌가 새로운 경험에 따라 신경 경로를 재구성할 수 있다는 내용을 담고 있다. 당시에는 뇌가 청소년기를 지나면 변화하지 않는다는 것이 정설이었지만, 현대 신경과학의 발달로 신경가소성이 사실로 입증되었다. 새로운 경험은 뇌를 유연하게 변화시키며, 환경에 적응하도록 진화시킨다. 글쓰기는 신경가소성을 촉진하는 하나의 방법이 될 수 있다. "나는 글을 못 써"라는 오래된 인식이 자리 잡은 뇌는 새로운 시도를 망설이기 쉽다. 하지만 글쓰기의 재미를 슬쩍 맛본 다음부터 글에 대한 긍정적 인식이 싹트고, 행동의 변화를 이끌어낸다. 경험은 또 다른 경험을 낳고, 감각은 새로운 감정을 불러일으키는 연쇄작용을 일으킨다. 글쓰기는 뇌를 새롭게 자극하며 기존의 세계를 확장시키는 강력한 도구가 될 수 있다.

강의 초기 나 역시 온라인 수업에 익숙하지 않았다. 대면 강의에서 사람들과 직접 소통하는 것과는 달리, 화면을 보며 두 시간 내내 혼자 떠드는 느낌이 들었고 대면이 아니라서 느껴지는 단절감 때문에 재미를 못 느꼈다. 그러나 어떻게든 수업을 더 흥미롭게 만들어보겠다는 생각으로 영상, 음악, 이미지 등을 활용하는 기술을 익히고 학생들과 소통하려 애썼다.

결과적으로 학생들의 강의 만족도 평가에서 좋은 점수를 받았고, 제출된 과제물의 수준 또한 매우 훌륭했다. 대학교와의 2년 계약이 끝난 이후에도 학생들이 글쓰기를 계속 이어가며 자신의 삶에 적용하고 있다는 소식을 듣게 되니 보람이 컸다. 이는 내 삶 속에서 만들어낸 또 하나의 주체적이고 의미 있는 영역이라 할 수 있다.

과거의 경험과 새로운 학습이 만나 또 다른 세계를 창조해낸다.

글쓰기는 단순히 정답을 채우는 공부가 아니다. 자신을 성찰하고 성장시키며, 내면의 변화를 촉진하는 깊이 있는 활동이다. 글쓰기를 통해 자신을 돌아보고 사유하는 힘을 기를 수 있다면, 세상을 꿰뚫어보는 통찰의 눈도 더불어 열리지 않을까.

책 출간 이후 글쓰기 수업이 이어지면서 다양한 기회가 생겼는데,
그중 하나가 대학 출강이었다.
강의 주제는 교양학부 과목으로
'나를 브랜딩하는 책쓰기와 마케팅 글쓰기'였다.
학생들은 글쓰기를 자신의 삶에 적용하기 시작했고,
나는 새로운 경험을 통해 또 다른 세계를 창조해냈다.

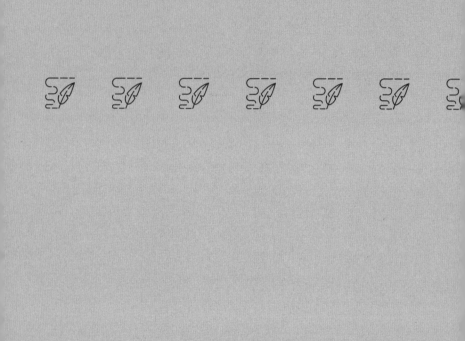

3부

글쓰기라는 창조적인 노동에 대하여

———————— 글쓰기의 늦은 시작, 그럼에도 불구하고

"나는 재능이 없어서 글을 못 써!"

"어릴 때 일기도 제대로 쓰지 않았는데, 무슨 글이야!"

"우리 집안에는 글쟁이가 하나도 없어. 타고난 유전자가 있어야지."

"글쓰는 일은 수입이 안정적이지 않아."

대개 글쓰기, 혹은 글쓰는 직업에 대한 주변 사람들의 반응은 그
다지 긍정적이지 않다. 보통 10대나 20대 때 "나는 소설가가 되려고
해" 라고 하면, 주변에서 "대체 뭘 먹고살 거냐!"고 걱정한다. 10대부
터 신춘문예에 당선으로 시를 쓰고, 20대에 온갖 문학상을 받으며 소
설을 쓰는 혜성처럼 나타났다는 젊은 작가들의 이야기는 비범해 보
인다. 역시 글쓰는 건 재능이 뒷받침되어야 하는 것이지 하며 문학소
녀(소년)였던 시절은 꿈으로만 접어둔다. 그렇지만 나이 마흔이 넘어
작가가 되었다고 하면, "대단하다!"는 칭찬이 오간다. 오히려 나이 들
어 작가가 된 사람들은 사회적으로 인정해주는 분위기다. 경험에서

쓴 글들에 연륜이 묻어나기 때문이 아닐까? 100세 인생을 살아가야 하는 요즘 같은 시대에는 뒤늦게 작가가 되고자 하는 것이 허황된 일이 아니다. 대단히 현실적이고도 충분히 가능한 일이 되어버렸다.

살림에 묻혀 지내던 평범한 주부가 마흔에 쓴 단편소설로 데뷔한 박완서 작가의 일화는 유명하다.

박완서 작가의 글은 술술 읽히는 편안함과 구수함이 있고 정갈한 묘사는 압권이다. 우리네 평범한 사람들의 삶이 소설 속에서 펼쳐지는데, 내가 알고 있는 누군가의 이야기처럼 상상하게 된다. 모든 사람들이 나름대로의 이야기를 갖고 있다는 것이 바로 이런 것일까. 따뜻한 스토리의 소설 속 인물들은 일상 속에서 반짝이면서 생동감을 느낄 수 있다. 20대를 지나 중년의 나이가 될수록 박완서의 글은 더욱 와닿는다.

정말 살림만 하다가 쓴 소설이 맞을까 싶을 정도로 단정하고 매끄럽다. 아마도 슬픔을 삶의 애환으로 승화시키는 법을 배운 작가가 그대로 소설에 녹여낸 것이 아닐까. 주부로서의 삶, 자잘한 집안일, 티도 안 나는 살림살이 등이 그대로 글 속에 담겨 있다. 소설의 문장은 따뜻한 엄마 밥 같은 느낌으로 다가왔다.

소설가 김훈도 마흔 일곱에 첫 소설집을 냈고, 50대 중반에 동인 문학상을 수상했다.

《칼의 노래》를 읽었을 때의 전율을 잊지 못한다. 김훈 작가를 인터뷰한 글을 오래전에 읽었는데, 스스로 '아웃사이더'를 자처하며 친구 없이 살아간다는 내용이었다. 타인에 의해 스스로의 삶이 훼손되는 것보다 내면의 진실을 따르며 한 치도 양보하지 않으며 살아가고 싶다고. 작가는 "니 놈들이 나를 욕한다고 해서 내가 훼손되는 게 아니고, 니들이 나를 칭찬한다고 해서 내가 거룩해지는 것도 아닐 거다. 그러니까 니들 마음대로 해봐라. 나는 나의 삶을 살겠다"고 당당하게 말한다. 김훈의 글쓰기는 보는 대로 말하고, 보이는 대로 쓰는 것이 무엇인지 잘 보여준다.

김훈 작가가 이상문학상을 받은 〈화장〉이라는 단편소설은 안성기 주연으로 영화화되기도 했다. 주인공은 화장품 회사의 오 상무인데, 아내의 암 투병을 지켜보며 병간호를 한다. 암 환자의 일상을 일거수일투족 눈에 보이는 것처럼 묘사했다. 소설 속 잊혀지지 않는 인상적인 장면이 있다. '간병인이 샅타구니의 물기를 수건으로 닦을 때마다 항암제 부작용으로 들뜬 음모가 부스러지듯이 빠져나왔다. 그때마다 간병인은 수건을 욕조 바닥에 탁탁 털어냈다'는 문장이다. 결코 보지 않고서는 쓸 수 없는 표현이라 생각했는데, 김훈은 실제로 암 병동에서 6개월 이상 환자와 간병인을 지켜보고 관찰한 후 글을 썼다. 단순하고 군더더기 없는, 사진을 보는 것 같은 문장을 쓰는 법을 김훈 작가의 소설에서 배울 수 있었다.

그 다음으로 세계적인 베스트셀러 《연금술사》를 쓴 파울로 코엘료역시 마흔이 넘어 산티아고로 홀연히 순례 여행을 떠나고 작가가 되었다. 그는 대학에서 법학을 전공했고, 졸업 후에는 연극 연출가로 활동했으며, 록 음악 작사·작곡가로도 활동하고, 급진적인 만화 잡지도 만들었다. 브라질 정부에 의해 세 번이나 투옥되기도 했지만 중년에 접어들어 세계적인 음반 회사의 간부로 일하며 안정된 생활을 영위했다. 그렇지만 홀연히 산티아고 순례길을 걸으면서 큰 영감을 받았고, 삶에 커다란 전환점을 맞이했다.

코엘료는 책 《순례자》에서 '우리의 꿈을 구할 수 있는 유일한 방법은 우리 자신에 대해 너그러워지는 것'이라고 말한다. 나 역시 뒤늦게 글을 쓰겠다고 마음먹은 사람으로서 이 말이 큰 위로가 되었다.

여성 작가로서 19세기, 글쓰기로 자신의 삶을 책임진 제인 오스틴은 어떠한가? 당시 유럽의 대다수 나라에서는 여성의 지위가 대단히 낮았다. 선거권도 없고, 자유롭게 직업을 선택할 수도 없었다. 당연히 여성이 작가가 되어 생계를 이어가는 것은 불가능에 가까운 삶이었다. 제인 오스틴은 잉글랜드 햄프셔 주의 교구 목사였던 아버지 밑에서 8남매 중 일곱째 딸로 1775년 태어났다. 열두 살 때부터 글쓰기를 시작해 20세 무렵에 여러 작품을 탈고했다. 그렇지만 아버지의 죽음으로 가정 형편이 어려워지자 지인의 집을 전전하며 자랐고, 평생 독신으로 살았다. 주로 중류계급의 일상 및 남녀 결혼 문제를 사실적으로 다루었다. 당시 물질주의적 세태와 허위 허식을 여성의 시각에서 획기적으로 풍자해냈다는 평을 받았다. 그리고 200년이 넘도록 지금껏 그의 소설은 전 세계인의 사랑을 받고 퍼져나갔다.

제인 오스틴의 소설은 발표된 지 15년 만에 출판할 수 있었다. 당시 사회는 여성이 글을 쓰는 것에 대해 너그럽지 않았기 때문이다. 스물한 살, 제인 오스틴은 첫 작품을 런던의 출판사에 보냈지만 안타깝게도 거절당했다. 그런데 그 작품이 훗날, 그녀를 대표하는 소설 《오만과 편견》(1813)으로 다시 태어났다는 사실을 알고 있는가. 오스틴은 익명으로 작품을 발표했고, 가까운 이들에게조차 자신이 쓴 이야기임을 숨겼다. 《이성과 감성》은 마흔이 넘어서야 인정받았고, 그제서야 제인 오스틴은 겨우 작가로서 생계를 유지하게 되었다.

떳떳한 작가가 되기 위해 무려 이십여 년을 노력했는데, 그녀는 고작 마흔두 살에 생을 마감했다. 이루지 못한 사랑과 좌절의 아픔, 그리고 일상이라는 소우주를 섬세하고 깊이 있게 그려낸 제인 오스틴의 작품들은 세월을 넘어 지금도 빛나는 걸작으로 읽히고 있다.

18세기 당시 제인 오스틴처럼 글을 써서 자신이 번 돈으로 먹고살 수 있는 여성들이 얼마나 있었을까?

하지만 창조적인 활동으로 자신의 삶을 책임지고, 낭만적으로 밥벌이까지 한 이들은 분명 존재했다. 하루아침에 작가가 될 수는 없지만 지금부터 매일 한 편씩 습작을 한다면 불가능한 꿈도 아니다.

모두가 늦었다고 생각할 때, 자신의 꿈을 향해 전력 질주한 사람들이 있다. 용기와 희망이 되는 사례들이다. 인생의 후반기에 무언가에 꽂혔던 사람들, 자신의 내면이 원하는 것을 이루어낸 사람들은 무수히 많다.

마흔 이전의 인생은 마흔 이후를 맞이하기 위한 연습생 시절이라고 보면 어떨까. 보잘것없고 하찮은 꿈이라고 할지라도 가슴속에 반짝이는 꿈이 있다면, 앞서간 사람들의 성공을 거울삼아 자신을 되돌아볼 수 있다.

글쓰기에는 왕도가 없고, 늦은 때란 더더욱 없다는 사실. 글은 지금, 바로, 당장 시작할 수 있는 창조적인 일 중 하나다.

인생의 후반기에 무언가에 꽂혔던 사람들,
자신의 내면의 원함을 이루어낸 사람들은 무수히 많다.
마흔 이전의 인생은 인생 후반기를 맞이하기 위한
지식과 경험을 쌓는 준비 기간이다.
보잘것없고 하찮은 꿈이라고 할지라도 가슴속에 반짝이는 꿈이 있다면,
앞서간 사람들의 성공을 거울삼아 자신을 되돌아볼 수 있다.
글쓰기에는 왕도가 없고, 늦은 때란 더더욱 없다.

━━━━━ 소설가 발자크에게도 글쓰기는 노동이었다

19세기 프랑스 소설가 발자크는 철저히 글쓰는 노동자로 살았다. 하루 18시간씩 글을 쓰기 위해 매일 40~50잔의 커피를 마시며 잠을 쫓았고, 20년 동안 100편이 넘는 장편소설과 단편소설, 희곡을 써냈다. 발자크가 글을 써야만 했던 가장 큰 이유는 인쇄업과 출판업 등의 사업에 손을 대고 실패하면서 얻게 된 빚 때문이었다. 절박한 심정에서 글을 썼고, 원고료로 빚을 갚아나갔다.

발자크처럼 우리에게 글쓰기가 생계를 위한 노동이 아니라 할지라도, 글쓰기를 통해 얻을 수 있는 유익은 적지 않다. 글쓰기는 단순히 창의적이고 예술적인 행위일 뿐만 아니라, 노동을 통한 경제적 이익을 충분히 창출할 수 있는 일이 된다. 그 과정을 거치면서 글쓰는 작가 자신은 발전할 수밖에 없고, 다른 세계로 나아갈 수 있다. 글쓰기라는 노동으로 얻는 유익은 정말 많다.

자본주의 사회에서 우리는 시간과 노동력을 돈으로 교환한다. 최저임금은 그 시간에 대해 정확하게 지불되며, 이는 노동의 가치를 그대로 반영한다. 그러나 노동은 단순히 시간을 보내는 것이 아니라, 반드시 땀을 흘려야 하는 과정이다. 농부가 노동 없이 수확물을 얻을 수 없고, 어부가 고기를 잡지 않으면 생계가 어려운 것처럼, 모든 노동은 일정한 시간 투자와 함께 애씀이 필요하다. 노력의 대가는 어느 순간 눈에 보이는 가시적인 결과로 돌아온다. 헬스클럽에서 가꾼 근육은 경제적인 소비를 동반하지만, 농부의 근육은 자연과 맞서 싸우며 생계를 꾸려가는 과정에서 만들어지며 값어치 있는 보상으로 이어진다.

세상에 태어난 모든 글은, 고요한 시간 속에서 흘린 땀이 빚어낸 결실이다. 신문이든, 잡지든, 책이든 - 세상에 모습을 드러내는 모든 글은 오랜 시간 동안 쌓이고 다듬어진 노동의 열매다. 머릿속에 맴도는 생각이 아무리 훌륭해도 그것이 글로 완성되지 않으면 생산되지 않은 것이다. 글쓰기는 단순히 생각으로 끝나지 않는다. 최고의 글쓰기 강사의 강의를 듣는다고 해도, 내가 실제로 쓰지 않으면 아무것도 나오지 않는다. 글쓰기 역시 정직한 노동이라고 말할 수 있다.

글쓰기를 습관화하고 훈련하기 위해서는 때때로 참을성있게 견뎌내는 시간이 필요하다. 기분에 따라 작업하지 않고 할당량을 채우는 듯한 느낌으로 글을 써야 할 때도 있다. 출근하기 싫어도 직장인이라면 어쩔 수 없이 출근 도장을 찍어야 하는 것처럼 일정한 시간에 매일 반복적으로 수행해야 한다. 글쓰기는 엉덩이를 붙이고 앉아야만 이루어지는 결과물이다. 한 자리에 1시간, 2시간 이상 앉아 있는 것이 얼마나 힘든지 입시 공부를 해본 사람이라면 공감할 것이다. '공부는 머리로 하는 것이 아니라 엉덩이로 하는 것'이라는 말처럼, 글쓰기도 재능이 아닌 엉덩이의 힘으로 하는 일이다. 노는 건 밤새도 힘들지 않지만 일하는 건 고통스러운 법이다. 물론 글쓰기가 놀이처럼 즐거운 경지에 이른 사람들도 있겠지만, 마감기한이 있는 글을 쓰는 것은 여전히 고통스럽다. 재미로 글을 쓰는 사람들도 마찬가지로 그 고통을 피할 수 없다. 글쓰기는 결국, 시간이 지나면 '견뎌내는 것'이 되어버린다.

작가는 대체로 수명이 짧다고 알려져 있다. 반면 말을 하는 정치인이나 종교인 등은 비교적 평균 수명이 길다는 연구가 있다. 아마도 자신이 하고 싶은 말을 마음껏 내뱉을 수 있기 때문이 아닐까 추측된다. 글을 창작하고 고치는 과정에서 피를 말리는 고통을 겪었다고 표현한 작가들도 있다. 어떠한 글이든 세상에 나오기까지의 과정은 결코 순탄하거나 만만치 않다. 그럼에도 고통스러운 글쓰기를 해야 하는 이유가 있다. 여성학 연구자인 정희진 작가는 나쁜 사람에게 지지 않기 위해 그리고 품위있게 살기 위해 글을 쓴다고 말했다. 생각하는 노동이 글쓰기이기 때문에 고통은 당연히 수반된다.

어떤 의미에서 고통은 사람을 극적으로 변화시킨다고 믿는다. 안락하고 편안하고 풍요로운 사람들이 치열한 삶의 고민을 안고 살아가기는 쉽지 않다. 대부분 몸이 심각하게 아프거나, 사회적 약자이거나, 지독하게 가난할 정도로 돈이 없거나, 여러 종류의 폭력에 노출되는 등 크고 작은 아픔을 겪은 사람만이 앞으로 나아갈 수 있다. 인생에서 고통스럽지만 해볼 만한 일들은 정말 많다. 바로 자신의 한계를 뛰어넘고, 인내력을 시험하며 끈기를 연습하는 일이다. 그 과정에서 얻는 성장과 힘을 키워가는 일은 그 어떤 것과도 바꿀 수 없는 소중한 자원이 된다.

발자크는 빚을 갚기 위해 글을 썼다.
20년 동안 100편이 넘는 장편소설과 단편소설, 희곡을 쓰며
철저히 글쓰는 노동자로 살았다.
글쓰기는 재능이 아닌 엉덩이의 힘으로 하는 일이다.
우리가 기분에 따라 출근하거나 결근하거나 하지 않는 것처럼,
글쓰기 역시 일정한 시간에 매일 반복적으로 해야 한다.

집수리를 배우며 글을 짓다

나는 낮 시간에는 거의 집에 없을 정도로 외부 업무가 많아 집 꾸미기에 신경을 쓸 여유가 없다. 제때 청소를 하고, 물건을 늘어놓지 않으면 그럭저럭 사는 데 문제가 없다고 여겼다. 수천만 원을 들여 인테리어를 할 여건도 되지 않았고, 신축 아파트로 이사할 돈은 더더욱 없었다. 그러던 중,

"여성을 위한 집수리 교육에 작가님이 참가해 보시고, 참가자들과 글을 써보는 건 어떨까요?"라는 제안이 들어왔다. 지역에서 집수리 교육으로 협동조합을 운영하는 대표의 아이디어였다. 주말마다 진행되는 여성 대상 집수리 교육에 참여하고, 성과에 대한 글을 써달라는 내용이었다. 교육생은 20대부터 60대까지 다양한 연령층의 여성이었고, 프로그램은 목공, 전기, 타일, 페인트, 드릴 사용법, 도배, 필름 시공 등을 배우는 과정으로 구성되어 있었다. 처음에는 한 번도 접해보지 않은 거친 분야처럼 느껴졌지만, 실생활에 필요한 기술을

배울 기회라 도전하고 싶었다. 게다가 글쓰는 제안까지 받았으니 교육도 듣고, 돈도 벌고 일석이조 아닌가!

첫 수업부터 흥미진진했다. 참가자들과의 교류도 즐거웠고, 실습형 수업이라 직접 톱질이나 드릴을 사용하는 경험도 새로웠다. 앞치마를 두르고 목장갑을 끼고 안전을 최우선으로 생각하면서 공구를 다뤘다. 그런데 웬걸! 의외로 놀이처럼 재밌었다.

"목공은 기술직이 아니라 기능직일 뿐이에요. 해본 것과 안 해본 것의 차이라고나 할까요?" 첫 수업, 목공 강사의 말도 의미 있게 다가왔다. 나무는 모두 비슷해 보이지만, 종류도 다양하고 그 특성도 다르다. 나무를 바로 사용하는 게 아니라 2~3년 건조해야 하며, 우드슬랩, 제재목, 집성목 등 여러 형태로 가공된다. 나무 한 그루를 베어도 최상급 원목은 일부에 불과하고, 옹이나 벌레 먹은 자리처럼 사용할 수 없는 부분이 많다. 잘게 자르고 본드로 붙여 만드는 집성목은 실생활에서 원목보다 더 많이 쓰인다.

나무의 부산물인 옹이나 가지는 섬유질로 만들어 본드에 절여 'MDF'를 만든다. MDF는 나무의 특성이 사라진 합성재로, 휘거나 갈라지지 않는 것이 장점이지만 물에는 취약하다. 'OSB'는 외장재로 사용되지만 포름알데히드 방출로 건강에 좋지 않으며, 새집 증후군의 원인이 되기도 한다. 목공 강사의 나무에 대한 애정은 인상적이었다. 나무를 다루며 새로운 형태를 만들어가는 과정은 마치 글을 쓰는 과정과도 비슷했다. 하나의 소재가 떠오르면 문장을 써내려가며 자신만의 세계를 만들어가는 것이다.

전기 실습도 색달랐다. 전선을 직접 만져보는 일이 낯설었지만, 강사의 안내대로 실습하니 콘센트 교체나 전구 교체 정도는 할 수 있게 되었다. 전기 기사 출장비를 아낄 수 있다는 점은 실용적이었다. 도배 수업 역시 잊을 수 없는 경험이었다. 어린 시절, 부모님이 직접 도배하던 기억이 떠올랐다. 도배는 협력이 필요한 작업이라 두 명이 한 조가 되어 실습했는데, 목과 팔, 허리가 아플 정도로 몸을 쓰는 일이 쉽지 않았다. 하지만 내 손으로 붙인 벽지를 보니 뿌듯함이 밀려왔다.

집수리 수업을 다 들은 후, 참가자들은 각자의 경험을 글로 풀어냈다. 집수리 교육과 자신의 삶을 엮은 이야기는 한 권의 책, 『엄마의 감정수리』(비매품)라는 단행본이 되었다. 만약 내가 관찰자로만 남았다면 이런 생생한 글을 쓰지 못했을 것이다. 집수리와 인생이라는 큰 틀에서 자유롭게 쓴 글이어서 더욱 재밌고 공감가는 책이 되었다. 참가자들과 북토크를 열고, 온라인 출간 기념회 등을 하면서 나름의 추억을 쌓았다. 그 이후 몇몇 참가자들은 배운 집수리 기술로 사업체를 소소하게 만들거나 지역에서 봉사를 하는 등 관련 일을 하게 되었다는 소식을 들려주었다.

이때 배운 기술은 시간이 흐른 뒤 내 삶에서도 빛을 발했다. 곧바로 욕실에 실리콘을 부분적으로 바를 수 있게 되었다. 요즘에는 철물점에 가지 않더라도 하루만에 로켓 배송으로 온갖 생활용품을 살 수 있기에 시공 방법만 간단히 알면 실리콘 사용 정도는 충분히 시도해 볼 수 있다. 삶과 연결된 기술, 바로 써먹을 수 있는 지식이 주는 힘을 실감했다. 이것이 바로 기술이 지닌 힘인가! 삶에서 멀어지는 지식이 아니라, 삶을 살아있게 만드는 인간으로 살고 싶다.

"여성을 위한 집수리 교육에 작가님이 참가해 보시고,
참가자들과 글을 써보는 건 어떨까요?"라는 제안이 들어왔다.
목공, 전기, 타일, 페인트, 드릴 사용법,
도배, 필름 시공 등을 배우고 과정을 글로 남겼다.
또한 참가자들의 경험을 글로 녹여낼 수 있도록 코칭하였다.
한 번도 접해보지 않은 거친 분야지만,
실생활에 필요한 기술도 배우고 글도 썼다.

___ 책 출간 후 20배 사업이 성장한 청년 사업가

"제 이야기를 책으로 담아주서서 감사합니다"라는 인사를 받을 때마다 정말 기분이 좋다. 누군가에게는 절실한 삶이 될 수도 있기 때문이다.

어떻게 글을 써야 할지 모르는 막막함을 지닌 사람들에게 이야기를 쓸 수 있는 방법을 제시하고, 결국 책이라는 하나의 결과물을 얻게 만든다. 아무리 글쓰는 일이 대중화되었다고 하지만 여전히 보통 사람들에게 글쓰기는 안개 속을 헤매는 일처럼 여겨진다. 손에 잡히지 않고 눈에 보이지 않는 무언가를 현실에 존재하는 형태로 만드는 과정이 쉽지만은 않은 게 사실이다.

청년 벤처 사업가 M의 경험담을 책으로 엮어낸 후 그는 정말 감사하다면서 백화점에서 고가의 명품 만년필을 사주었다. 나의 이름까지 각인된 난생 처음 써보는 만년필 덕에 작가로서의 품위가 높아진 듯했다. 왠지 중요한 계약서나 책 등에 사인할 때 쓰면 좋을 것 같았다. 귀한 선물이라는 생각에 애지중지하며 6년이 넘은 지금도 매일 잘 쓰고 있다.

M은 책을 출간한 이후 청년 기업가로서 대학, 기업체, 지역 커뮤니티 등으로 강연을 다녔다. 책을 낸 이후 그의 행보를 보니 십 년간 사업이 20배 이상 성장했고, 직원은 50명 넘는 중견 기업이 되었다. 당시 잘 다니던 회사를 뛰쳐나와 스타트업을 창업했는데, 여러 번 실패를 거듭한 끝에 지금은 안정된 사업체를 일구었다. 업계에서 나름 인정받으며 연 매출 수십 억원의 기업체 대표가 된 것이다.

한때 그는 자금 압박으로 견디기 힘든 시간을 보냈다. 가장 어려운 순간 보이스피싱을 당하기도 했다. 주변인들로부터 지지를 받지 못하고, 잘못된 결과에 대한 쓴소리를 들어야 했다. 누구에게도 도움받을 수 없는 막막한 현실 속에서 괴롭고 힘들었던 암흑같은 시절을 잘 견뎌낸 그는 과거의 어둡고 쓰라린 일을 글로 쓰고 싶어 했다. 누군가는 자신의 이야기가 담긴 책을 통해 희망을 얻지 않을까 하는 선한 마음으로.

하나의 일을 시작하여 과정을 이겨내고, 작은 성취를 이루어낸 순간은 개인에게는 역사이자 신화같은 스토리가 된다. 나는 그가 책을 쓰도록 도움을 주었는데, 절반 정도는 대필로 만들어진 책이다. 혼자서 몇 번이나 책 원고를 쓰다가 뒤엎은 다음 전문가의 손길이 필요하다고 여겨서 전문 작가를 찾은 경우다.

청년을 위한 소셜 벤처 멘토링을 주제로 한 M의 책은 베스트셀러가 되는 기적은 일어나지 않았다. 하지만 책을 쓰는 과정 자체가 도약이 되었다고 말한다.

"기업체나 관공서 등에 사업 제안을 하러 갈 때 출간 저서를 드리면 좀 다른 눈으로 바라보시더라고요. 명함보다도 강력한 인상을 주는 듯해요."

그에게 책은 '비싼 명함' 혹은 '마케팅 수단'이 되었다. 비슷비슷한 업계에서 책을 쓴 30대 스타트업 대표라는 포지션은 매력적인 요소였다. 몇 년이 지난 지금도 그는 "책을 내길 정말 잘했어요"라고 말한다. 사업이 잘 돼서 책을 쓴 건 아니었지만 결과적으로 책을 출간한 이후 더욱 승승장구했다.

요즘에는 SNS를 통한 셀프 브랜딩이나 개인 마케팅 등으로 스스로를 홍보하고 알리는 일이 다양해졌다. 온오프라인을 통틀어 어떻게든 자신을 세상에 알리려고 고군분투하며 자신을 알아주는 단 한 사람을 찾는다. 그 과정은 새로운 사업으로 연결되고, 수입 창출의 기회가 될 수 있다. 필요한 사람에게 물건과 서비스가 닿으면서 네트워크가 형성된다. 다양한 셀프 마케팅 도구 중 책은 여전히 강력한 힘을 갖고 있다. 석·박사 학위나 학술지의 논문 역시 한 사람을 전문가로 공인하는 절차이긴 하지만 대중서의 영향력을 능가하지는 못한다. 학자로서의 글과 대중성 있는 글은 다르다.

또한 출판된 책이 있다는 것은 어떤 분야에서 자신만의 목소리를 낼 줄 아는 사람이라는 뜻이다. 깊이와 내공이 담긴 책이라면 더욱 좋겠지만 얇고 가벼운 내용일지라도 책을 출간한 경험이 있다는 것만으로도 나름의 세계를 이룬 것으로 평가받는다.

그럴듯한 세상적 성공만 기록의 가치가 있는 건 아니다. 취준생으로서 계속 취업에 실패하면서 느끼고 성찰한 글도 괜찮은 글감이다. 아픈 아이를 키우고 돌보면서 알게 된 시련 혹은 배움도 좋은 글이 될 수 있다. 파트타임으로 일했던 아르바이트 경험을 엮어서 글로 쓸 수도 있다. 영업직을 하면서 매일 영업현장에서 고군분투하거나 거절당한 일도 글로 남겨보면 가치가 있다. 달리기, 자전거타기, 명상, 요가 등 몸을 쓰고 단련하면서 느낀 이야기를 쓸 수도 있다. 좋아하는 드라마, 영화, 책, 미술품 등에 대한 감상도 글로 남겨보면 좋다.

얼마든지 자기만의 영역에서 글을 쓰고 책을 내는 일이 가능해진 세상이다. 종이책으로 출간하지 않더라도 전자책이나 독립출판물로 한 권의 책을 만드는 것은 조금 더 수월하다.

만나는 사람마다 "제발 글을 쓰세요. 아니 책을 써 보세요"라고 사정하듯 이야기한다. 특히 한 분야에서 나름 내공이 있는 분들이라면 더더욱 간절히 호소하듯 말한다. 자신의 분야에서 내적 깊이와 외적 성공을 함께 갖추었지만 책을 쓰지 않은 분들이 많다. 어떻게 글을 시작해야 할지 모르고, 책이라는 형태로 만들어내는 과정 또한 만만치 않은 일이라고 여긴다. 과거에는 책을 쓰는 일이 신춘문예에 당선한 문학인 혹은 학자라고 불리는 일부의 사람들의 영역이었을지 모른다. 그러나 이제는 자기만의 스토리를 찾아내는 모든 사람들이 글을 쓰고 책을 낼 수 있다. 전자책, 독립출판물, 블로그, SNS 등으로도 얼마든지 삶의 기록을 남길 수 있다.

물론 모든 사람들이 책을 써야 하는 것은 아니다. 그림이나 영상, 음악 혹은 건축물 등 자기만의 언어로 세상에 목소리를 낼 수 있는 도구가 있다면 상관없다. 그럼에도 책을 쓰는 것이 필요하다.

예를 들어 어떤 예술가의 조각품이 멋지고 아름답다고 해서 누구나 소유할 수는 없다. 혹은 예술가의 작품 세계를 좀더 이해할 수 있으며, 작가의 숨겨진 이야기를 엿볼 수 있는 책이라는 요소가 더해진다면 작품이 더욱 빛날 수 있다. 책을 읽는 독자도 필요하지만 책을 쓰는 작가 역시 계속 창출되어야 한다.

다양한 셀프 마케팅 도구 중 책은 여전히 강력한 힘을 갖고 있다.
저서가 있다는 것은 적어도 어떤 분야에서
자신만의 목소리를 낼 줄 아는 사람이라는 뜻이다.
자기의 스토리를 찾아내면 글을 쓰고 책을 낼 수 있다.
전자책, 독립출판물 등의 형태로도 얼마든지 책을 출간할 수 있다.

낯선 세계로 가는 마음

어렸을 때 친구네 집에 놀러가는 것을 유난히 좋아했는데, 나이가들어 생각해 보니 그것을 하나의 낯선 세계로 가는 여행이라고 여겼던 것 같다.

정육점집 딸 은이라는 친구가 있었다. 초등학교부터 고등학교까지쭉 같은 학교를 다녔고, 교회 주일학교도 함께 했던 친구다. 부모님들도 같은 교회를 다니셨기에 부부동반으로 여행을 가기도 하시고, 정육점의 '소 잡는 날'이 되면 특수 부위를 요리해서 함께 먹는 사이였다. 엄마는 종종 은이네 정육점에 가서 찌개거리, 불고기거리, 국거리 등 부위별로 고기를 사오라는 심부름을 시켰다. 정육점 점포 뒤작은 방이 있어서 동굴같이 아늑했다. 가게 뒷방에서 손님들의 이야기를 엿듣기도 하고, 브루마블 보드게임을 온종일 하기도 했다. 그집에 가면 내가 다른 존재가 되는 듯했고, 멀리 멀리 여행을 떠난 것같았다.

인터뷰를 하기 위해 누군가를 만날 때면 은이네 집이 자주 떠올랐다. 갈비, 삼겹살, 목살, 선지, 등뼈 등을 사러 하루에도 수십 명 혹은 그 이상의 사람들이 오고 갔다. 친구의 부모님은 냉장·냉동고에서 고기를 꺼내어 손질을 하고 무게를 달아서 판매하고, 손님들은 값에 해당하는 돈을 지불했다. 고기 맛이 좋아서 다시 찾는 사람이 많았던 것을 보면 장사를 참 잘하던 분들이 아니었을까. 손님들과 한두 마디 이야기를 나누고, 가끔 서비스나 덤을 주는 모습도 인상적이었다.

여전히 은이네가 정육점을 하는지 물어보았더니 오래 전에 그만두셨다고 한다. 동네가 재개발되면서 시장통의 낡은 건물들이 허물어지고, 가게도 헐값에 팔렸다.

그때 막연하게 '우리 집도 장사를 했으면 좋겠다'고 생각했다. 시뻘건 고깃덩어리가 있는 건 싫었지만 사람들이 드나드는 가게를 만들면 어떨까 상상한 적이 있다. 슈퍼마켓이나 빵집 혹은 서점 정도가 어떨까. 가게에서 사람을 만나는 건 멀리 여행가지 않아도 새로운 경험을 넓히는 일이다. 문을 열고 가게로 들어오는 사람들은 각자의 세계가 된다.

대필을 하거나 기사를 쓰기 위해 누군가를 인터뷰할 때면 낯선 세계로 가고픈 내 마음을 자주 발견한다.

"어린 시절 제가 살던 동네에는 하얗게 유자꽃이 피었어요"라고 말하는 이의 말을 따라 유자꽃 피는 마을을 가보고 싶어진다.

"허리까지 눈이 푹푹 쌓이는 곳이어서 눈을 치우다 보면 어느새 집채만큼 커졌었죠" 이런 말은 아련하고 따뜻한 느낌이 든다.

"저는 감귤 창고가 딸린 방에서 태어나 귤나무가 자라는 것을 보고 컸어요"라고 말하던 이의 유년 시절 살던 동네를 여행하면 어떨까 생각해본 적도 있다. 독특하고 매력적인 한 사람의 세계를 들여다볼수록 아름다웠다.

제주에서 요가원을 운영하는 요가 강사를 만나러 가던 날이었다.

제주시 오라2동은 조용하고 한적한 동네였다. 인터뷰하기 전 시간이 남아 동네를 어슬렁거렸다. 향토문화유산 '조설대'가 있었는데, 1905년 제2차 한일협약이 체결된 후 제주에 살던 유생들이 '조선의 수치를 설욕하겠다'는 뜻으로 항일운동을 벌인 곳이다.

당시 유생들은 나라를 빼앗긴 것을 설움과 치욕으로 여겼다. 그리고 친일파 처단을 요구했던 유생 최익현은 홍선대원군과 대립을 벌이다 결국 제주도로 귀양을 갔고, 나중에는 대마도까지 유배를 가게 되면서 생을 마감했다. 조선 말기 역사적 격변기를 경험한 당대의 지식인이었던 그는 기득권층의 폐단을 스스로 고치고자 했고 의병까지 일으켰지만 패배하고 만다. 21살에 성균관 유생이 되고, 권력의 최고봉에서 승승장구하며 잘 살 수도 있었지만 그렇게 호위호식하지 않았다. 의병을 일으킨 나이가 60대라고 한다. 지금이야 60대면 중년이라 하지만 그 당시는 환갑 무렵이면 인생 끝났다고 여기는 그런 나이다.

이렇게 동네를 탐방하듯이 걸으며 새로운 세계를 접한다.

갑자기 한 사람에 대한 앎이 훅 들어온 기분이었다. 최익현은 유배 당했던 제주에서 한라산을 오르내리면서 제주도의 자연환경에 대한 〈한라산 유람기〉를 기록했고, 게다가 제주도의 유생들에게 의식을 깨우치고 의병운동까지 벌였으며, 자신의 뜻을 굽히지 않고 죽을 때까지 신념을 지키고 살았던 역사적인 인물이다.

학창 시절 역사 시간에 외웠던 최익현은 단순히 '홍선대원군에 반대하며 상소를 올리고, 단발령을 강하게 저항하며 의병을 일으킨 인물'이었다. 그저 유생으로서 상투 자르는 것을 반대한 양반이었다는 것만 기억한다. 한 사람을 입체적으로 바라보지 못하고 '최익현 = 단발령 반대 = 의병운동' 이렇게 단편적인 사건만 암기했다. 공부라고 할 수도 없는 공부였다. 너무 늦게 역사의 진실을 알게 된 게 못내 죄스러웠다. 알아도 그만 몰라도 그만일 수 있지만 120년 전에 살았던 인물이 무언가 지금의 나와 연결고리를 맺고 있는 것처럼 여겨졌다.

오라2동 연미마을회관 근처에서 요가원이 생긴 이유를 과거의 역사와 연결지어 보았다. 단단하고 강직한 조상들의 얼과 정신이 스며 있는 지역에서 마음과 몸을 수행하며 균형을 이루려고 하는 요가원은 잘 어우러지는 느낌이다.

갑작스레 인터뷰하기로 한 요가 선생님과의 인연이 운명같기도 하고, 예정된 일처럼 여겨졌다. 자연스럽고 편안하게 대화가 이루어졌고, 생각보다 깊은 이야기가 오갔다. 인터뷰는 과거와 현재를 넘나들며 지금을 살아가는 나에게 또 다른 세계의 영감을 준다. 느리고 깊이 있는 방식으로 잠시 다른 시공간을 여행하는 일이다.

슈퍼마켓이나 빵집 혹은 서점을 하며
사람들이 드나드는 가게를 하고 싶었다.
문을 열고 가게로 들어오는 사람들은 각자의 세계가 되고
가게에서 사람을 만나는 건
멀리 여행가지 않고도 새로운 경험을 넓히는 일이다.
인터뷰를 하기 위해 누군가를 만나는 일도 비슷하다.
나는 인터뷰를 하며 잠시 다른 시공간을 여행하고 돌아온다.

소설 같은 삶, 삶 같은 소설

소설을 사랑했다. 생각해보면 인생 대부분의 날을 소설 읽기에 다 써버린 것 같다. 하루 종일 소설을 읽어도 부족함이 없었다. 지금까지 30년 넘게 소설 읽기의 세계에 빠져 있으면서도 소설을 창작하지는 못했다. 여러 번 시도했지만 자전적인 스토리에서 벗어나지 못한다는 것을 깨닫고 포기했다. 이야기를 쓰다 보면 자전적 수필 이상을 뛰어넘을 수 없었다.

대부분의 소설가는 자신을 자연스럽게 소설화한다. 은유와 비유로 덧입혀진 소설은 결국 작가 자신을 투영한다. 소설을 읽다 보면 소설가의 생애를 따라가게 되는 것도 이 때문이다. 나는 소설을 쓰고 싶다고 입으로는 늘 말했지만, 감정을 솔직하게 드러낼 용기가 부족했던 것 같다. 소설은 실제 사실을 그대로 쓰는 것이 아님에도 자신이 입고 있던 옷을 벗어던지고 짙은 화장을 지워내는 과정처럼 솔직함을 요구하기 때문이다.

삶이 곧 이야기라는 것을 깨닫고 나서는 자연스럽게 사람들의 삶을 기록하고 서사화하는 다양한 작업에 관심을 갖게 되었다. 물론 삶은 TV 드라마처럼 사건 위주로 전개되지 않는다. 훨씬 더 복잡하고 모호하며, 때로는 모순적이다. 예상치 못한 사건들이 벌어지고, 해결되지 않는 곤란함 속에서 이야기가 만들어진다.

수년 전 네트워크 마케팅으로 성공한 여성 사업가의 책을 대필한 적이 있다. 주로 건강식품과 다이어트 보조제를 판매하며 연 수억 원의 수입을 올렸다는 그녀의 이야기는 매우 흥미로웠다. 빨간색 벤츠 승용차를 타고 나타난 그녀는 자본주의의 달달한 성공의 맛을 맛본 듯 유쾌한 웃음을 지었다. 매끈한 몸매와 광채 나는 피부는 적절한 자기 관리의 결과물처럼 보였다.

그녀는 어떻게 삶의 고비를 넘기고 성공에 이르렀는지 두 시간 남짓 술술 풀어갔다. 어릴 적 해외에서 중·고등학교와 대학을 다닌 특별한 배경, 유학 시절 장학금을 놓치지 않으면서 독하게 공부한 이력 등은 그녀가 지닌 꿈을 향한 집념과 끈기의 근간이 되었다.

몇 번의 인터뷰를 거쳐 원고를 완성했다. 아이러니하게도 네트워크 마케팅으로 성공한 그녀의 이야기에 하나도 공감하지 못했다. 유학, 성공적인 커리어, 남부럽지 않은 결혼 생활까지 모든 것이 잘 짜인 서사처럼 느껴졌다. 출산 이후 20킬로 이상 살이 찌고, 반복되는 다이어트 실패로 인한 건강 악화는 그녀 인생의 최대 위기였다. 결과는 누구나 예상하다시피 뻔한 내용이다. 우연히 해당 회사의 다이어트 제품을 접하게 되어 두세 달 만에 빠르게 살이 빠지고, 몸도 건강해지면서 예뻐졌다는 것. 거기다가 억대 연봉까지 벌게 되면서 모든 것이 다시 잘 풀렸다는 꿈같은 스토리다. 열심히 사업한 결과 지금의 수입을 얻는 '다이아몬드' 직급에 오르게 되어 더 큰 사업을 펼치고 있다면서.

그런데 어느 날 그녀와의 연락이 끊겼다. SNS상에서도 모습을 감췄다. 생각해 보니 계약금 일부만 받고 나머지 원고료를 받지 못한 상태였다. 고생 끝에 완성한 원고의 대가를 받지 못하니 허탈했다. 출판사도 백방으로 그녀를 찾아봤지만 소득이 없었다. 돈도 많다던 그녀가 왜 원고료를 떼먹었는지 의아했다. 시간이 흘러 들려온 소식은 충격적이었다. 함께 일하던 내연남과 함께 가족을 버리고 해외로 도주하였으며, 심지어 아이까지 낳았다는 소문이 있었다. 하지만 이 모든 것은 확인할 수 없는 소문일 뿐이었다. 그녀의 진짜 목소리를 들을 수 없으니 진실은 여전히 미궁 속이다.

어쩌면 그녀의 이야기는 진짜 소설 같은 반전을 품고 있었다. 원래 쓰려 했던 책보다 훨씬 흥미롭고 생생한 서사였다. 인간은 이야기하는 동물이고, 누구나 자신만의 서사를 품고 산다. 다이아몬드 직급으로 성공을 거머쥐는 서사보다, 모든 것을 놓아버리고 사랑을 택했다는 이야기는 허무하면서도 신비롭다. 망가진 삶처럼 보일지 몰라도, 누군가에게는 또 다른 시작일 수 있다. 예상치 못한 전개가 우리에게 자유로운 상상력을 선물하기도 한다.

결국 삶은 우리가 풀어나가는 무수한 이야기들의 집합체다. 그 모든 이야기는 서로 얽히며 우리의 삶을 독특하게 빛내준다.

삶이 곧 이야기라는 것을 깨닫고 나서
자연스럽게 사람들의 삶을 기록하고 서사화하는
다양한 글 작업에 관심을 갖게 되었다.
인간은 이야기하는 동물이고, 누구나 자신만의 서사를 품고 산다.
예상치 못한 스토리 전개는 우리에게 자유로운 상상력을 선물한다.
결국 삶은 우리가 풀어나가는 무수한 이야기들의 집합체다.

50년 생선 장사, 비린내가 아닌 삶의 향기

   오래전, 시장 상인들의 삶을 엮어낸 스토리텔링 작업을 한 적이 있다. 수원의 모든 재래시장을 돌아다니면서 시장의 역사를 발굴하고, 상인회를 통해 오랫동안 장사하신 분들을 만났다.

   시청의 관광과에서 의뢰한 작업이었고, 시민기자 세 명이 작가로 참여하여 석 달 만에 인터뷰 및 원고쓰기와 인쇄까지 마무리하였다. 나름 넉넉한 원고료를 받고 일을 한다고 생각했지만, 당시에는 빡빡한 일정 속에서 결과물을 내야 하기 때문에 정신이 없었다. 거의 매일 재래시장을 돌아다니다시피 하면서 '체험! 삶의 현장'을 생생하게 보고 들었다.

   이런 일은 시민기자 활동에 따른 부수적인 작업이라 할 수 있다. 이후에도 비슷한 일을 몇 건 해보았다. 시청에는 많은 부서가 있는데 백서의 형태로 인쇄물을 제작하는 일이 종종 있다. 한두 번 작업을 하면서 시청의 다양한 부서에서 필요로 하는 백서 형태의 기록물을 만들었다. 문화재단의 축제 보고서, 관광과의 재래시장 상인 인터뷰집, 인권백서 등을 만들어보았다.

재래시장을 돌아다니면서 만난 상인들이 머릿속에 스치고 지나간다. 3대째 떡집을 운영하는 사장님, 50년 넘게 생선가게를 지켜온 할머니, 20년간 커리를 팔아 성공한 네팔인 사장님, 쇠퇴한 시장에 활기를 불어넣기 위해 장사를 시작한 청년 사업가 등등. 재래시장은 살아 움직이는 생명체 그 자체였다.

그 중 지금까지 기억에 남는 인상적인 시장 상인은 50년간 생선가게 장사를 하셨다는 80대 어르신이었다.

평생 생선장사를 하면서 자녀 넷을 모두 다 키우시고, 젊은 시절 고생을 무척 많이 하신 분이다. 꽃샘추위 몰아치는 3월의 어느 날, 시장 상인을 만나러 갔다. 겨울 패딩을 얼굴까지 감싸도 칼바람이 에이는 듯했다. 어르신은 서너 평 작은 점포의 자리를 지키며, 전기 방석과 난로 하나로 가게를 지키고 있었는데 생명이 다한 생선의 신선도를 유지하려 얼음을 붓고 있었다. 이제는 예전처럼 힘들게 장사하지 않아도 된다고 하지만, 평생 일하던 사람이 일을 안 하면 바보될까 봐 자리를 지키는 것이라고 한다. 아마 시장에 나가지 못하게 되는 날은 죽는 날일 거라고 하면서.

억척스러운 세월을 살아오신 분이었다. 그분의 몸을 관통한 지난 삶은 누구도 온전히 헤아릴 수 없을 것이다. 충격적인 일, 절망, 서러움, 그리고 짧은 행복과 웃음을 품고 삶을 살아냈다. 50년 전에는 이렇게 오랫동안 장사하면서 살게 될 줄 몰랐다고. 이야기 도중 갑자기 자신의 신세가 너무 속상하다며 눈물을 흘리셨다. 분명 좋은 날도 있었겠지만, 가슴에 맺힌 이야기를 꺼내려는 순간 세월이 주마등처럼 스쳐 지나가며 감정이 북받친 듯했다.

365일 쉬지도 않고 생선가게 좌판을 지키며 푼돈을 모아 조금씩 목돈을 만들고, 집을 장만하고, 아이들을 키우고, 네 명의 자식들 모두 출가시키는 일. 그것 자체로 위대한 삶의 여정이었다. 쭈글쭈글하고 거친 손은 살아온 세월의 흔적을 고스란히 담고 있었다. 매일 생선을 손질하고, 비늘을 벗기고, 봉투에 담아 손님에게 건네는 일을 반복하며 만들어진 손이었다.

사진을 찍겠다고 하니 "흉한 모습 뭐 하러 찍어" 하면서 손사레를 쳤다. 인터뷰하는 짧은 한 시간 동안에도 나는 손발이 시려서 빨리 끝내고 싶었다. 그런데 어르신은 매년 겨울마다 좁고 추운 골방 같은 곳에서 이불 한 장에 체온을 유지한 채 오들오들 떨며 장사를 하고, 자신의 맡은 바 소임을 다했다.

50번의 겨울을 어떻게 건디었을까. 오래된 생선 비린내도 코끝을 찔렀다. 처음에는 참기 힘들 것 같았지만, 할머니와 이야기를 나누다 보니 어느새 냄새에도 익숙해졌다. 낡은 이불 속으로 들어와 앉아보라고 권하셨다. '시장 한자리에서 평생 생선 장사를 한다는 건 어떤 마음일까?' 문득 그런 생각이 떠올랐다. 나는 대형마트에서 깨끗하게 손질된 생선, 진공 포장된 고등어 자반만 사고 생선 냄새가 날까 봐 집에서 요리하는 것도 꺼렸다. 시장에서 생물을 그대로 사 와 요리한 적은 한 번도 없었다.

　이야기를 나누다 보니 출출해졌다. 어르신은 보따리에서 간식을 꺼내 주셨다. 강정, 견과류, 귤 같은 것을 내놓으며 함께 먹자고 하셨다. 비록 많이 배우지 못하고 평생 생선 장사만 하셨지만, 그 누구보다도 자신만의 생활 철학을 지닌 분이란 생각이 들었다.

　남의 삶에 휘둘리지 않고, 자신만의 인생을 지켜온 사람은 독특한 향기를 품고 있다. 비릿한 생선 냄새는 어느 덧 사라지고, 나의 친할머니 냄새가 떠올랐다. 친할머니는 평생 농사만 지으셨는데, 취미도 없고, 노는 법도 모르고, 돈 쓸 줄도 몰랐다. 오직 농사일만 하는 삶이 숙명인 듯 사셨다. 돌아가신 후 할머니 장롱을 정리하는데 꼬깃꼬깃 보관된 지폐와 뜯지도 않은 보온메리 내복, 양말, 속옷 등이 쏟아져 나왔다. 갑자기 나는 왜 살아 생전 할머니 이야기를 글로 남길 생각을 못 했을까 안타깝고 서글펐다. 이제야 조금씩 어른들, 아니 노인들의 생을 이해할 마음이 생겼는데, 정작 그리워하던 분들은 하나둘 세상을 떠나버렸다.

　'내가 누구인지 말할 수 있는 사람'이 된다는 건 생각보다 어려운 일이다. 끝없이 자아를 탐구하며 내가 잘할 수 있는 강점을 찾아 조금 더 나은 내가 되고 싶은 꿈을 꾸지만 여전히 안개 속을 걷는 기분이다. 오히려 50년 생선 장사를 해온 할머니의 단순하고 반복적인 삶이 진리에 가까워 보이는 건 왜일까. 무한히 되풀이되는 노동은 그것 자체가 수행이며 종교다. 나는 언제쯤이면 나를 규정할 수 있는 사람이 될 수 있을지 의문스럽다. 50년쯤 온몸으로 삶을 살아낸다면 그제야 나라고 할 만한 것을 걸러낼 수 있을까.

시장 상인들의 삶을 엮어낸 스토리텔링 작업을 한 적이 있다.
이런 일은 시민기자 활동에 따른 부수적인 작업이라 할 수 있다.
지금까지 기억에 남는 인상적인 시장 상인은
50년간 생선가게 장사를 하셨다는 80대 어르신이었다.
수십 년간 한 자리에서 생선 장사를 해온 할머니의
단순하고 반복적인 삶이 진리에 가까워 보이는 건 왜일까.
노동은 그 자체로 수행이자 종교같다.

2012년부터 시작해서 2015년까지 4년간 매주 월요일 10시의 수업을 빼먹지 않았다. 바로 '수원시평생학습관'에서 '내 인생의 글쓰기'라는 수업이었는데, 몇 년간 결석 한 번 없이 수업을 했다. 3개월 단위로 수강생이 모집되는 강좌였는데 몇몇의 수강생들은 같은 수업을 여러 번 반복 수강하기도 했다. 아직도 그 중 일부와 함께 독서 및 글쓰기 수업을 개인적으로 이어가고 있다. 다양한 글쓰기 수업의 방식을 실험적으로 시도해본 시기였고, 글쓰기 강사로서의 역량을 다져나간 때이기도 하다. 맨 처음 강의를 할 때는 시간당 강사료가 몇만 원 수준이었지만 꼭 돈 때문에 했던 수업은 아니다. 글쓰기 수업을 넘어서 인생을 배우는 시간이었다.

매 시간 멋지게 차려입고, 수업 때 먹을 간식까지 챙겨 오시는 70대 수강생이 계셨다. 키도 크고 늘씬한데다 전혀 그 나이의 외모로 보이지 않았는데 모두들 그 분을 '미스코리아 언니'라고 불렀다. 평

생 글을 써본 적 없다고 하셨지만 '언니'의 글은 잔잔하면서도 가슴에 스며드는 힘이 느껴졌다. 매번 다음 편이 궁금해지는 스토리의 힘까지. 글쓰기 수업은 자연스레 지나온 과거를 반추하는 글을 쓰며 매 시간 삶의 진실을 마주해야 했기에 인생 수업이 되어버렸다. 강사인 나 역시 진솔하게 나를 드러내는 작업이 종종 이뤄졌다. 다들 온전히 들어주는 분위기였고, '언니'는 엄마처럼 보듬어주셨다. 한번은 나를 자신의 집에 꼭 초대하고 싶다고 하시면서 시간을 내달라고 부탁하였다. 약속을 하고 찾아간 그녀의 집은 설경이 눈앞에 펼쳐진 전망이 인상적인 고급 브랜드의 아파트였다. 세련된 인테리어로 꾸며진 집은 잘 정돈되어 있었고, 단 한 명의 손님을 위해 마련한 점심 식사는 온갖 '엄마표 반찬'으로 채워져 있었다.

직접 말린 나물, 전라도 어디쯤에서 공수했다는 꽃게로 담근 간장게장, 강원도 고랭지 배추로 담그신 각종 김장 김치류, 건강한 샐러드, 삼삼한 된장찌개, 두부조림과 멸치볶음 등 한정식 집에 온 듯한 한상차림이었다. '언니'가 차려주신 밥을 배가 터질 만큼 꾸역꾸역 먹었고, 심지어 집에 갖고 가도록 아이스박스 두 개 분량의 반찬과 식자재를 가득 넣어주셨다. 밥을 먹은 후에는 회원제 에스테틱으로 데리고 가서 전신 마사지를 받게 해주셨다. 내 생애 그토록 호강한 식사와 럭셔리한 마사지는 처음이었다.

아홉 살 때 친엄마가 돌아가신 후 아버지는 1년 후 재혼을 선택했다. 이제는 새엄마와 함께 지내온 세월이 있기에 아무렇지 않지만 여전히 내 안에는 가슴의 구멍 하나가 남아 있다. 40년 넘는 세월이 흘렀기에 엄마의 죽음은 잊을 만한 사건이기도 하지만 어느 순간 그리움은 커졌다. 때로는 삶의 무상함으로 우울감에 깊이 잠식되어 헤어나오지 못한다. 그런 나를 위해 밥을 차려주시고, 반찬을 챙겨주시고, 몸과 마음까지 돌보아주신 '언니'의 사랑과 돌봄을 잊지 못한다. 글을 쓰면서 만난 다정하고 고마운 분으로 지금껏 기억된다. 이 글을 쓰면서 다시금 감사의 마음을 전하고 싶다. 인생의 허무가 몰려올 때 종종 나를 일으켜주는 것은 주변의 따뜻하고 다정한 마음이었다. 그런 사랑을 받았기에 나의 마음의 불씨도 조금씩 살아나 작은 모닥불이 되어 이제는 조금씩 나눌 줄 아는 사람이 되고 있다.

4년간 매주 월요일 10시에 시작하는 글쓰기 강의를 빼먹지 않았다.
다양한 글쓰기 수업 방식을 실험적으로 시도하면서
강사로서의 역량을 다져나갔다.
글쓰기 수업을 넘어서 인생을 배우는 시간이었다.
글을 쓰면서 만난 다정하고 고마운 분들이 셀 수 없이 많다.
인생의 허무가 몰려올 때 종종 나를 일으켜 주는 것은
주변의 따뜻하고 다정한 마음이었다.

인터뷰 글쓰기 수업은 보물찾기

인터뷰하며 글을 쓰는 일을 계속하다 보니, 아이들에게도 직접 인터뷰를 해보게 하는 것이 진로 교육에 좋겠다는 생각이 들었다.

글쓰기와 토론 등의 수업을 오랫동안 해왔지만, '어린이를 위한 인터뷰 글쓰기' 수업은 생전 처음이었다. 아마도 세상에 없던 수업이었을 것이다. 주입식으로 정해진 답을 외우는 방식의 공부에 익숙한 아이들에게 인터뷰 수업은 창조적이고 능동적인 경험이 되었다. 그동안 쌓은 노하우로 인터뷰 수업을 만들어보았다. 주변 지인들의 도움으로 동네 초등학생 네 명이 모였다.

초등 4학년 아이들은 격주로 인터뷰이를 선정하여 직접 찾아가 인터뷰를 하고, 그 내용을 글로 정리했다. 인터뷰를 하지 않는 주에는 토론하거나 진로 및 직업에 대한 조사를 하며 발표하도록 했다. 인터뷰이는 대부분 주변에서 쉽게 만날 수 있는 사람들부터, 몇 달에 걸쳐 섭외해야만 하는 유명인까지 다양했다. 모든 과정을 아이들과 함께하길 바랐다.

2년간 아이들과 나는 인터뷰 수업을 통해 큰 성장과 도약을 이루었다. 함께할 때 훨씬 더 시너지가 생기고, 좋은 에너지를 받을 수 있었다. 인터뷰이에게 어떤 질문을 할 것인지 토론하듯이 사전 준비를 하면서 네 명의 아이들은 끈끈한 동지애를 형성했다. 대부분 어른들을 만나러 가는 일이기 때문에 자연스럽게 정중함과 예의를 갖춰야 했다. 한 동네에서 오래 사셨다는 어르신, 빵집 사장, 서점 대표, 학원 및 공부방 선생님, 단골 병원 의사 선생님, 약사, 비행기 조종사, 아나운서, 작가, 꽃집 주인, 조각가, 화가, 큐레이터, 경찰, 군인, 회사원, IT연구원 등 정말 많은 직업군을 만났다. 놀라운 것은 아이들이 스스로 인터뷰할 대상을 선택했고, 섭외도 했으며, 인터뷰할 질문도 직접 뽑았다는 사실이다. 마지막은 매번 인터뷰 글로 정리했다.

한번은 파일럿이 꿈인 아이를 위해 공군 조종사를 섭외하여 원주에 있는 전투 비행단까지 가서 인터뷰를 했다. 재미있었던 건 그 아이가 직접 조종사를 만나 인터뷰해보니 자신이 생각했던 것과 너무 달라서 꿈을 바꿔야겠다고 마음 먹은 것이다. 아이는 "조종사는 하늘에서 비행기 운전만 하는 거라 생각했는데, 나머지 땅에 있는 시간은 거의 공부를 해야 한다고 하니 저랑 안 맞는 것 같아요"라는 결론을 얻었다.

역사에 관심있는 한 아이는 모 대학의 역사학과 교수님을 만나고 와서 '역사학자가 되고 싶다는 꿈을 갖게 되었다.

또한 동네의 빵집 사장님을 인터뷰하면서 실컷 빵을 얻어 먹기도 하고, 단골 손님이 되기도 했다.

의외의 재미는 서로의 부모님을 인터뷰할 때 발견되었다. 엄마 아빠는 매일 집에서 얼굴을 맞대고 어릴 때부터 함께 지내온 사이어서 특별할 것이 없다고 생각했는데, 부모님 인터뷰를 하니 격식을 갖춘 대화로 이어졌다. 친구들의 부모님뿐 아니라 자신의 엄마 아빠도 인터뷰하면서 그동안 몰랐던 사실을 알게 되었다며 신기하게 여겼다.

"아빠에 대해 특별할 것도 없고 대단히 존경할 만한 것도 없다고 생각했는데, 한 직장에서 20년 넘게 일한다는 게 얼마나 힘든 일인지 느끼게 되었어요" 라고 말하는 아이가 있었다.

사실 부모님의 생애는 낯설고 새로운 눈으로 바라보기 어려울 수 있다. 서로 쑥스러워서 혹은 너무 평범하고 일상적인 것이라 물어볼 생각조차 못했던 것들을 아이들이 질문하니 부모들은 진지하게 답했다. 그리고 아들과 딸의 친구들까지 눈을 반짝이며 바라보니 마음이 오가는 대화가 진솔하게 이어졌다. 유튜브나 방송에 등장하는 사람들만 성공한 인물이라고 생각했는데, 진짜 대단한 사람은 바로 매일 함께 먹고 자고 부대끼는 부모님이었다.

이 수업은 인터뷰만으로 끝나는 게 아니라 직접 인터뷰 글을 작성하는 것이 마무리이기 때문에 잘 듣는 기술이 특히 중요했다. 말을 직접 녹음하거나 메모를 하면서 열심히 들어야 했다. 아이들이 살아오면서 누군가의 말을 한마디도 놓치지 않겠다는 절실함으로 경청했던 적이 있었던가. 자연스럽게 아이들의 듣기 능력이 향상되었고, 귀 기울여 듣는다는 것은 바로 애정이라는 것을 알게 되었다.

누군가의 말을 글로 기록할 땐 어떻게 하면 잘 전달할 수 있을까를 고민했다. 글을 써서 각자의 블로그에 올리거나 지역 신문의 특별 코너에 싣기도 했다. 개인의 서사가 공공의 기록물로 변화하게 되니 성취감이 대단했다.

인터뷰 모임을 수업으로 진행하면서 자연스럽게 아이들은 자신의 꿈을 진지하게 생각하게 되었다. 어떤 인생을 살아야 하는지, 주변에서 닮고 싶은 어른들의 모습을 찾아보기도 했다. 아이들은 인터뷰 수업을 책읽기보다 훨씬 더 재미있어 했으며 주변 사람의 이야기를 듣는 것이 한 권의 책을 깊이 있게 읽는 것 이상의 가치가 있음을 알게 되었다. 진짜 살아있는 세상 공부를 한 셈이다.

읽고 생각하고 쓰는 삶에서 더 나아가 만남과 창조의 즐거움을 체득한 시간이었다. 배움은 바로 몸으로 겪어낼 때 살아있는 지식으로 쌓여간다.

아이들과 함께 사람에게서 배우는 인터뷰 수업을 진행한 것은 글

쓰기의 창의적인 새로운 시도였다. 이 수업은 단순히 글쓰기 기술을 가르치는 것을 넘어, 아이들이 다양한 사람들의 이야기를 듣고, 그 속에서 자신만의 목소리를 찾아가는 과정을 포함하고 있었다.

보통 사교육을 하게 되면 영어나 수학, 논술처럼 당장 성과를 낼 수 있는 과목에 집중하는 경향이 있다. 이러한 과목들은 즉각적인 결과를 제공하기 때문에 부모님과 학생 모두에게 매력적으로 다가온다. 하지만, 아이들이 진정으로 성장하고 발전하기 위해서는 단기적인 성과에만 의존해서는 안 된다.

우리는 먼 미래를 내다보며 씨앗을 심고 가꾸면서 서서히 변화를 이끌어낼 수 있는 공부에 에너지를 쏟아야 한다.

인터뷰 글쓰기 수업은 한정적인 시간과 재화로 빠른 성과를 추구하는 사교육과는 본질적으로 달랐다. 이 수업은 마치 콩나물 시루에 물을 주듯 아이들의 몸과 마음에 조금씩 스며드는 경험이었다.

인터뷰 글쓰기 수업으로 재미와 함께 자신감을 얻은 아이들은 이후 경기도 기자단 및 어린이 시민기자로 활동하기도 했다. 학교나 학원 공부를 통틀어서 가장 재미있는 수업이었다고 기억하는 친구들도 있다. 인터뷰 글쓰기 수업을 통해 아이들은 다양한 사람들의 삶의 이야기를 듣고 그 속에서 공감과 이해를 배우며 자신이 어떤 사람인지 어떤 가치를 지향하는지를 탐구하게 된다. 다양한 사람들을 인터뷰하면서 한 사람의 인생을 깊이 알게 되고, 자신의 글로 적어가면서 스스로의 삶에 의미를 찾고, 더 나아가 사회에 긍정적인 변화를 이끌어낼 수 있는 힘이 될 것이다.

'어린이를 위한 인터뷰 글쓰기' 수업을 열었다.
아이들은 직접 다양한 인터뷰이를 섭외했다.
빵집 사장, 서점 대표, 단골 병원 의사 선생님, 약사, 비행기 조종사,
교수, 아나운서, 작가, 화가, 큐레이터, 군인, IT연구원 등
정말 많은 직업군을 만났다.
인터뷰할 질문도 스스로 작성하고,
인터뷰를 하고 난 다음에는 인터뷰 기사로 정리했다.
한정적인 시간과 재화로 빠른 성과를 추구하는 사교육과 달리
인터뷰 글쓰기 수업은, 콩나물 시루에 물을 주듯
아이들의 몸과 마음에 조금씩 스며드는 경험적인 배움이었다.

책방 랄랄라하우스

서른 살 무렵부터 수년 간 외국인 노동자 센터에서 한글을 가르치는 봉사를 했다. 대상은 주로 화성, 안산, 용인 지역에 있는 공장을 다니는 외국인이었다. 중국, 네팔, 일본, 베트남 등 국적이 다양한 외국인들을 우리 집으로 데리고 와서 파티를 하면서 커리를 만들어 먹기도 했다. 종교적인 신념이나 나눔과 봉사의 삶에 대한 철학이 있었던 건 아니었다. 그저 다양한 삶의 배경을 지닌 사람들의 이야기를 듣는 것이 좋았다.

몇 년 전 책방을 열게 된 것도 비슷한 이유가 아니었을까.

글쓰는 많은 사람들처럼 나 역시 작업실을 꿈꿨다. 그곳에서 하루 종일 책을 읽고 글을 쓴다면 어떤 욕심도 없을 것만 같은. 어쩌다 보니 정말로 글쓰는 작업실 겸 책방을 만들게 되었다. 2020년 2월 중순, 살고 있는 동네 언저리에 작은 책방을 열었다. 책방 이름은 오래 전부터 구상해 놓은 것이었는데 바로 소설가 김영하의 2012년도 출간된 에세이 제목인 《랄랄라하우스》에서 따왔다. '묘하고 유쾌한 생각의 집'이라는 부제처럼 언젠가 나만의 공간을 만든다면 바로 '랄랄라하우스'라고 이름 짓겠다고 마음먹었기 때문이다.

'책을 팔아서 먹고살 수 있을까?' 하는 생계의 대한 고민은 진작에 내려놓았다. 다른 일을 겸업으로 하는 책방으로 철저히 운영하기로 했다. 책 한 권을 팔아서 얻는 수익은 점심값도 되지 않았다. 책을 좋아한다고는 하지만 주변에서 책을 읽고 구입하는 사람들은 소수였다. 그럼에도 책방을 통해 기대하고픈 일이 하나 있었다. 몇 년 전 JTBC에서 방영되었던 드라마 〈날씨가 좋으면 찾아가겠어요〉에 나오는 낡은 기와집을 개조해서 만든 '굿나잇 책방'처럼 사람들과의 만남과 연결이 이뤄지는 서점 말이다. 책을 매개로 한 살롱 문화를 만들어나가는 일을 하고 싶었다.

책방을 오픈하는 날, 사람들을 불러 모아 작은 이벤트를 열었다. 함께 모여 그림책을 읽고, 필사를 하고, 그림을 그리고, 돌아가면서 소감을 이야기했다. 팬플룻 연주자의 공연도 있었다. 참가한 분들은 평범한 일상에서 선물같은 시간이 되었다고 좋아했다.

또 다른 날은 《빨강머리 앤》 책 이야기를 하면서 앤이 프린팅된 천으로 북마크를 만들었다. 바느질을 하면서 토론을 하는 재미난 모임이었다. 그 이후 그림책, 소설읽기, 낭독과 필사, 단편소설 토론, 아이패드 드로잉, 영화, 타로, 와인, 핸드드립커피, 북토크, 시인과의 만남,

연극공연, 통기타 공연, 공예품 만들기, 예술 토크 등등 끝없이 새로운 일들을 꾸려나갔다.

　코로나가 확산되면서는 상시 운영이 힘들어 예약제 책방으로 운영하며 자연스레 문화공간으로서의 책방이라는 정체성을 더 키워나가야 했다. 동네 책방으로의 기능을 원활히 하기 위해서는 무엇이 필요할까 고민할 무렵 때마침 책방 운영에 도움이 되는 정부지원사업을 알게 되었다. 책방에서 하고 싶었던 문화행사를 할 수 있는 운영지원금이 생긴다는데 안 할 이유가 없었다. '나다움을 발견하는 예술프로젝트'라는 것을 기획하였는데, 자신의 이야기를 그림과 글 등 예술적인 창조물로 만들고, 책방을 갤러리로 꾸미기도 했다. 업사이클링아트, 아크릴화, 향수, 이야기책 등을 만들었다. 참가자들이 멀리서 와주었고 매 시간 창조적인 이야기와 결과물이 넘쳐났다. 우리 모두가 작가라는 생각을 하면서 그 시간에 몰입했다.
　그밖에 다양한 글쓰기와 책쓰기 모임을 하면서 이 공간에서 열 댓명 이상의 작가가 탄생하는 놀라운 일도 벌어졌다. 그 중 한 명은 경기콘텐츠진흥원의 공모전에 당선되었는데, 책방 랄랄랄라하우스를 배경으로 쓴 단편소설이었다.

　책방이라는 공간이 주는 힘은 상상을 초월한다. 책방에 오는 사람들은 '랄랄라하우스'라는 공간이 주는 느낌을 좋아하고 책방 주인을 직접 만나기 위해 기꺼이 시간을 할애한다.

책방에는 책이 있고, 사람이 있고, 비밀스러운 분위기가 있다. 그리고 생각지도 못한 우연한 배움까지 더해진다. 오래 전 꿈꾸었던 '작은 책방' 이라는 공간을 만들고 나니 점점 하고픈 것은 늘어간다. 시공간의 한계는 있지만 내가 할 수 있는 역량껏 뭔가를 해볼 수 있는 공간이 되었다. 동네의 작은 놀이터같은 공간으로 '랄랄라하우스'는 5년째 계속 유지중이다. 이제는 힐링과 명상의 공간으로 새롭게 진화하면서 글쓰기 뿐 아니라 명상모임, 타로상담과 싱잉볼 테라피까지 진행한다. 모두 다 하고 싶어서 시도해본 일이고, 어떻게든 세상에 나만의 독특한 삶의 방식을 펼치고 싶은 바램이 컸다.

마흔 중반을 넘어 오십을 바라보면서 고민하는 질문이 있다. '나는 어떻게 나이들고 싶은가' 혹은 '노후에 재밌게 살 수 있는 방법은 뭘까'이다. 아직 펼쳐지지 않은 인생에 대한 걱정과 두려움도 있지만 끊임없이 나답고 행복한 일을 하고 싶은 소망이 있다.

작은 책방은 나의 작은 실험과 도전이었다. 통장 잔고는 점점 줄어들고 다음 달 해야 할 일도 알 수 없었던 무렵 알 수 없는 끌림으로 시작한 일이었다. 대단한 각오나 책임감, 결심으로 살아가기보다는 그저 즐거움과 재미를 추구하는 인생을 살고 싶다는 욕망이 표현된 형태였다. 무엇을 해야 할지 모를 때 영혼의 울림을 따라가는 것은 지혜로운 선택이다. 모든 인생의 답은 내가 알고 있으니 말이다.

주변 사람들에게 "책방을 한번 해보세요"라는 권유를 많이 했는데, 실제로 작은 책방 주인이 된 지인들이 여럿 생겼다. 그림책 작가의 작업실을 책방으로 만든 분도 있고, 업사이클링 공방과 작은 책방을 한 지인도 있다. 출판 편집일 혹은 디자이너를 하면서 책방이라는 공간을 열게 된 분들도 있다. 월세가 싼 작은 공간을 얻어 자신이 좋아하는 취향으로 꾸미고 무언가를 해볼 수 있는 기회로 삼았던 사람들은 또다시 자기만의 창조적인 영역을 찾아나갔다.

책을 매개로 한 건강한 만남은 관계를 확장시키고 자아를 발견하는 시간을 만들어준다. 지금껏 없던 책 문화를 만들어나가며 책과 사람을 이어주는 발견의 장소가 되는 책방을 만들어보려고 했다. 그러나 앞으로 어떤 방향으로 랄랄라하우스의 운명이 펼쳐질지는 그 누구도 모른다. 심지어 주인장인 나조차도.

글쓰는 많은 사람들처럼 나 역시 작업실을 꿈꿨다.
그곳에서 하루 종일 책을 읽고, 글을 쓴다면 어떤 욕심도 없을 것만 같은.
어쩌다 보니 정말로 글쓰는 작업실 겸 책방을 만들게 되었다.
책방이라는 공간이 주는 힘은 상상을 초월한다.
이곳에 오는 사람들은 '랄랄라하우스라는 공간이 주는 느낌을 좋아하고 책방 주인을 직접 만나러 오기 위해 시간을 할애한다.

글쓰기를 밑천으로 제작한 '봄카드', '그림책 질문 카드'

알 속의 병아리가 껍질을 깨고 나오기 위해 껍질 안에서 쪼는 것을 '줄(啐)'이라고 하며, 어미 닭이 밖에서 쪼아 깨뜨리는 것을 '탁(啄)'이라고 한다. 이 두 가지 과정이 함께 이루어져야 알에서 새가 태어날 수 있다. 바로 여기서 '줄탁동시(啐啄同時)'라는 속담이 유래하였다. 스스로 태어나려는 노력과 그에 맞는 외부의 도움이 있을 때 비로소 결과를 만들어낼 수 있다는 의미이다. 씨앗은 잠재력을 품고 있지만 가만히 있으면 발아되지 않는다. 땅에 심고, 물을 주고, 햇빛을 받는 등의 외부 조건이 필수적이다.

한 사람이 사고를 확장하여 더 큰 세상을 경험하기 위해서는 스스로 의심하고 질문하며 답을 찾으려는 시간이 채워지고, 때가 이르러야 한다. 하지만 그 노력과 함께 나를 세상 밖으로 이끌어줄 도움도 반드시 필요하다. 부모님이나 친구, 선생님이 그 역할을 할 수도 있지만 내가 만나는 책, 그림, 음악, 여행 등의 자극이 될 수도 있다.

'어떻게 글쓰기를 잘할 수 있을까? 글쓰기가 재미있는 놀이가 될 수 있을까? 초보자들은 어떻게 글을 쓰면 좋을까?' 이러한 질문 끝에 탄생한 상품이 바로 '글쓰기 대화/질문 카드'인 봄카드'다.

세 명의 작가가 함께 모여 '봄카드' 상품을 디자인하여 만들었고, 온라인 스토어 및 SNS에서 판매를 했다. '자기 발견과 탐색을 위한 48가지 인생 질문'이라는 부제가 붙은 이 질문 카드는 여러 용도로 활용될 수 있다. 개인적인 글쓰기 활동, 토론, 워크숍, 수다, 강의, 게임 등 다양한 방식으로 자유롭게 사용할 수 있다. 어떤 글을 써야 할지 고민될 때 카드 한 장을 뽑아 나온 질문을 보고 자신의 이야기를 생각한 후 자유롭게 쓰면 된다.

봄카드'는 글쓰기 강의를 하면서 겪었던 고민을 해결하기 위해 만든 상품이다. 필요가 쓸모를 만들어낸 것이다. 심지어 문화예술공모 사업의 지원금으로 제작되었다는 점도 자랑하고 싶다. 내 돈 한 푼 들이지 않고, 공공기관의 기금으로 지원받아 만든 상품이다.

하나의 고민에서 시작된 창작물을 세상에 내놓으니 뿌듯함이 컸다. 책을 출간하는 것과는 또 다른 차원의 즐거움이다. 내가 만든 상품을 온라인 및 오프라인 스토어에서 판매하여 수익을 남기는 일을 해보니, 무언가를 만드는 사람들의 심정을 이해할 수 있었다.

과거 아버지는 신발을 만들어 판매하는 일을 하셨다. 예술적이고 창의적인 일은 아니었지만, 공장 시스템을 가동하여 신발이라는 상품을 만들어 세상에 내놓고 돈을 벌었다. 더 큰 기업에 납품하기도 하고, 일반 소비자들에게 판매하기도 했다. 어렴풋이 물건을 만들어 파는 것이 돈이 된다는 것을 어린 시절에 깨달았다. 그래서 책을 만들고, 나만의 서비스를 만들어서 파는 사람이 되었는지도 모르겠다.

글쓰기 질문 카드 '봄카드'의 뜻은 '멈추어 봄, 질문해 봄, 들여다 봄'이다. 멈추고, 질문하고, 들여다보는 과정을 통해 진정한 나를 보게 될 수 있으며, 인생의 '봄'을 만날 수도 있다는 중의적인 뜻을 갖고 있다. 질문의 문구는 영화, 책, 드라마, 명언, 속담 등 다양한 소재에서 발굴했다. '유년의 정원', '정원 가꾸기', '꿈꾸는 정원', '정원의 친구들'이라는 네 가지 카테고리마다 12개의 질문을 수록했다.

헤르만 헤세의 《정원 가꾸기의 즐거움》(반니, 2019)은 생명의 순환과 자연을 가꾸는 일에 대한 철학적 사유가 담긴 에세이다. 헤세는 글쓰는 작가일 뿐만 아니라 포도 농사로 생계를 해결할 만큼 농사짓는 솜씨도 좋았다고 한다. 아름답게 살기 위해 정원을 가꾸고, 꽃과 풍경을 그림으로 그리며 그 과정을 글로 남겼다. 《정원 가꾸기의 즐거움》은 그의 책 중 가장 목가적이면서도 삶의 일상적인 부분을 세심하게 다룬 작품이라는 평가를 받는다.

'봄카드'는 정원사 헤세에게 영감을 받은 나의 창조물이라 할 수 있다. 이러한 것이 바로 '줄탁동시'가 아닌가!

'봄카드'를 만들어 다양한 강의에 활용하고, 온라인 스토어에서 판매하여 수익을 얻었다. 실제 인터뷰를 할 때도 사용하고, 봄카드 글쓰기 모임을 만들어 운영하기도 했다. 이러한 결과는 글쓰기로 어떤 창조적인 일을 할 수 있을까 고민했던 과정에서 얻어진 것이다.

무에서 유를 창조하는 것은 불가능하지만, 세상에 존재하는 어떤 것들을 융합하고 연결하여 새로운 것을 만들어내는 것은 얼마든지 할 수 있다. 어릴 때 좋아했던 보드게임이나 타로카드 등에서 영감을 받았다. 질문의 문장 역시 획기적이고 기발한 것도 있지만, 이전에 한 번쯤 들어본 질문을 나만의 언어로 재구성했다.

글쓰기 카드 제작에 재미를 느끼고, 곧이어 '그림책 질문 카드'도 만들어보았다. 그림책 토론 강의를 하면서 '어떻게 하면 토론할 수 있는 질문을 재미있게 제시할 수 있을까?' 하는 고민에서 출발한 상품이다. 카드 형태는 책과 달리 작고 아담하여 소장하기도 좋다. 가격 대비 활용도가 높아서인지 판매도 잘 되었다. 독서토론 수업을 하는 선생님이나 강사들이 주로 구입하였다. 이러한 상품은 부수입으로도 괜찮은 측면이 있다.

지금까지 만든 2종의 질문 카드는 재고가 남지 않고 거의 다 팔렸으니, 수지 타산이 맞는 장사를 한 셈이다. 얼마 남지 않은 봄카드 수

량이 있으니 필요하신 분들은 얼른 구매를 서두르시면 어떨까. (네이버 랄랄라하우스 스토어에서 주문 가능)

글쓰기와 관련한 여러 형태의 무형 및 유형의 창작물은 아무것도 아닌 상태에서 가치 있는 무언가를 만들어내는 일이 되었다. 내 삶의 가능성으로 풍덩 뛰어들어 그 중 하나를 붙잡고 실험처럼 도전해낸 것들이다.

어떻게 글쓰기를 잘할 수 있을까?
글쓰기가 재미있는 놀이가 될 수 있을까?
이러한 질문 끝에 탄생한 상품이 바로
'글쓰기 대화/질문 카드'인 '봄;카드'다.
어떤 글을 써야 할지 고민될 때 카드 한 장을 뽑아 나온 질문을 보고
자신의 이야기를 생각한 후 자유롭게 쓰면 된다.
글쓰기와 관련한 여러 형태의 무형 및 유형의 창작물은
아무것도 아닌 상태에서 가치 있는 무언가를 만들어내는 일이 되었다.

'빙산의 위엄'을 갖추는
일에 대해

글을 쓰면서 옳은 일로 세상에 기여할 수 있는 나만의 가치를 찾고자 했다. 지역 신문 기자로 활동할 때 시민들의 제보를 받기도 했는데, 약자들의 하소연을 듣고 불의를 고발하는 글을 쓸 때의 쾌감도 컸다. 정의는 약자의 편에서 싸우는 것이라고 생각했다.

그런데 어느 날, 신문에 기고한 한 편의 글로 인해 내 삶은 법적 시비에 휘말리게 되었다. 글에 등장했던 한 인물이 자신의 명예가 훼손되었다며 고소한 것이다.

제보 내용은 천만 원대 고액 책쓰기 수업료를 지불하고 강의를 들었지만 결국 피해를 보았다는 억울한 심정에 관한 것이었다. 수백 권의 책을 쓴 작가 ○○○ 씨는, 알고 보니 대부분의 저작물이 타인의 저작물에서 교묘하게 내용을 베끼다시피 한 것이었고, 개인 출판사와 학원을 만들어 돈을 버는 수십억대 자산가였다. 수강생들은 대부분 책을 한 권 쓰면 큰 성공을 거머쥘 수 있다는 말에 현혹되어 분별력을 잃고 천만 원에 가까운 수업료를 덜컥 결제한 다음 수업을 몇 번 듣고 난 후 곧바로 후회했다.

제보로 들어온 이메일을 읽으며 분노가 치밀어오른 나는 기사를 써주겠다고 약속했다. 얼마 후 강남역의 어느 모임 장소에서 열 명이 넘는 피해자들을 만나 피해 내용을 들었다.

한동안 수백만 원에서 수천만 원에 해당하는 고액의 책쓰기 수업이 유행처럼 번졌다. 많은 사람들이 자신의 책을 쓰고 싶어 한다. 세상에 이름 석 자 박힌 책을 내고 죽는 것이 소원인 사람들도 있다. 수요가 있으면 공급이 있기 마련이며, 이와 같은 일들은 계속 일어날 가능성이 크다. 단기간에 돈을 벌고 성공할 수 있다는 말에 귀가 솔깃해 주식, 부동산, 경매, 투자 정보를 얻는 데 상당한 돈을 지불하는 것과 비슷한 일이다.

결국 함께 분노하는 마음으로 기사를 작성하고 더 큰 언론사에 제보하는 일까지 도왔다. 블로그와 SNS에 올리며 여론을 형성하려고도 했으나 그 일로 나는 모욕죄와 명예훼손죄로 고소 당하고 검찰 조사까지 받았다. 천만 원대의 책쓰기 강의가 허구이자 거짓이며 사기 행위라고 판단했지만, 법적으로는 아무런 문제가 없으며 심지어 합법적이라는 답변까지 들었다. 피해자들 역시 개인의 결정과 판단으로 고액의 수업료를 지불한 것이기에 누굴 탓할 일도 아니라고 했다. 그들도 빨리 글을 쓰고 책을 출판하여 성공할 수 있다는 말에 순간적으로 미혹되었을 뿐이다. MBC 9시 뉴스에도 잠깐 보도되었지만, 모자이크 처리된 학원 간판과 함께 책쓰기 열풍 현상을 보여주는 것에 그치고 말았다. 사회적 파문이 일어날 줄 알았으나 그런 일은 일어나지 않았다. 오히려 어떻게 책 한 권 써서 그렇게 돈을 벌 수 있겠냐며 대중의 비웃음을 샀을 뿐이다. 수십 명의 피해자들은 법적 대응을 준비했지만 흐지부지 되어버렸다. 그렇지만 ○○○ 씨는 여전히 고액의 책쓰기 과정과 함께 더 나아가 사이비 교주 행세를 하면서 신의 예언을 받았다는 어처구니없는 말들을 세상에 던지고 있다. 어떤 곳에서든 심신이 미약한 사람들은 현혹되기 마련이다.

지역 인터넷 신문에 쓴 기사 한 건으로 명예훼손과 모욕죄로 고소 당하고 벌금형으로 일이 마무리되었다. 아무리 내가 옳은 일을 했다고 주장해도 소용없었다. 상대는 대형 로펌의 변호사를 써서 크고 작은 피해자인 글쓰기 수강생들의 고소 건도 법적으로 대응했다. 피해자들을 대변하기 위해 기자로서 양심선언을 하는 마음으로 기사를 썼지만, 돌아온 것은 검찰의 조사와 벌금뿐이었다. 잘못한 사람은 죄가 없고, 죄 없는 사람은 피의자가 되어버렸다.

다행히도 인터넷 신문사 대표는 자신의 책임도 일부 있다고 하시며 인터넷 기사를 내리고 벌금도 내주셨다. 기자를 보호하는 것이 언론사의 역할이라고 하면서 말이다. 이 자리를 빌려 뉴스타워 대표님께 감사의 말씀을 드리고 싶다.

수업료로 몇만 원을 받든 몇천만 원을 받든 자본주의 사회에서는 통용될 수 있는 일이다. 중고등학생 입시학원처럼 수업료의 상한선이 있는 것이 아니기 때문이다.

세계적인 투자가 워렌 버핏은 2000년부터 매년 자신과의 점심 식사권을 경매에 부쳐 수익금을 모두 노숙자와 가난한 이들을 돕고 있다. 2022년 '버핏과의 점심' 낙찰가는 역대 최고인 1900만 달러(약 246억 원)에 달했다. 버핏 회장과 식사를 하며 투자 등 다양한 주제에 대해 대화를 나눌 수 있는 기회를

갖는 것이다. 이에 대해 어느 누구도 법적으로 문제 삼지 않으며, 오히려 버핏과의 점심식사 경매에 참여하는 사람들은 매년 늘어나고 있다. 물론 버핏의 조언으로 알려진 내용은 온라인이나 책 등으로 모두 공개된다. 결코 투자로 성공할 수 있다거나, 수단과 방법을 가리지 말고 돈을 벌라는 내용은 절대 없다. 오히려 자신이 사랑하는 일을 할 수 있는 용기와 돈이 아니라 자기 자신을 기분 좋게 만드는 일을 할 것을 권장한다.

소설가, 기자, 비평가로도 활동했던 작가 헤밍웨이는 '빙산의 일각'에 대한 비유를 들어 글쓰기에 관해 말했다. 독자들에게 가을 풍경을 전하고 싶다면 옥수수, 코스모스, 꿩, 이른 서리 등의 몇 가지 단어와 이미지만 전달하면 된다는 것이다. 보고 듣고 아는 이야기를 모두 빠짐없이 쓰는 것이 아니라, 여백과 공간을 남겨두라는 설명이었다. 빙산은 8분의 1의 영역만 물 위로 드러나 있고 나머지 8분의 7이 물 아래 깊은 곳에 잠겨있기 때문에 위엄있는 거라고 말한다. 자신의 글에 구구절절 감정을 싣기보다는 수면에 드러난 8분의 1에 해당하는 빙산처럼 일부만 드러내는 것만으로도 충분하다는 조언이다.

보이지 않는 빙산을 단단히 만드는 일은 글 밖의 삶에서 이뤄진다. 우리가 세상에 드러내는 모습이 전부가 아니듯, 글쓰기는 그 너머의 삶을 담아내는 여정이 되어야 한다. 돈이 되는 글쓰기를 어떻게 해왔는지 글로 적었지만 지나고 보니 상당 부분 돈이 안 되는 글쓰기를 해왔다.

지난 해부터는 서울불교대학원대학교 심신통합치유학과 석사과정을 공부하고 있는데, 이것 역시 '빙산의 위엄'을 갖추는 일과도 연결된다고 말하고 싶다. 마음챙김 기반의 스트레스 완화기법, 명상심리치료, 인간중심 표현예술치료, 자아초월심리학, 요가심신치유 등 몸과 정신을 통합하는 여러 학문을 접하고 있다. 이러한 배움 역시 내면의 힘을 갖추어 나가는 공부라 생각한다. 지금과 다른 차원의 글을 쓰고 싶다는 열망에서 비롯된 선택이리라.

이 글을 마무리하기 위해 아주 조용한 명상 센터로 발걸음을 했다. 새벽 5시부터 밤 9시까지 정해진 루틴대로 명상을 하고, 묵언 수행을 하는 곳이다. 말이 사라진 자리에 오히려 고요한 시간이 흐르고, 독방에 앉아 글을 쓸 수밖에 없다. 더군다나 며칠째 폭설이 내려 이곳은 완전히 외부와 고립되었다. 바다와 강물이 수증기가 되어 하늘로 올라가 구름이 되고, 기온이 차가운 날에는 눈이 되어 내린다는 과학적 사실을 생각해보면 세상 모든 것은 인과의 법칙이 적용됨을 알 수 있다.

에너지나 물질은 사라질 수 없으며 어느 다른 형태로 바뀔 뿐이다. 글을 쓰는 일도 그러하다. 내 속에 많은 것들이 축적되어 보이지 않는 화학작용을 거쳐 유형(有形)의 글이 창조된다. 몸과 마음의 연결작용이 객관적인 세계를 구성하고, 생각의 형태를 갖춘 글로 이뤄질 수 있다는 말이다.

셀 수 없이 많은 글쓰기 책이 있는데 또다시 글쓰기 관련 책을 내놓는 것이 꼭 필요한 일일까 묻고 또 물었다. 하지만 글쓰기로 새로운 인생 도약을 이루고 싶은 누군가에게 작은 도움이 될 수 있을 거라는 마음으로 글을 썼다.

수많은 원인과 조건이 발현되어 형성된 한 권의 책이 어느 순간 당신에게 닿아 다른 모양의 삶이 될 거라고 믿는다.

[부록]

나를 탐구하는 100가지 질문

한 사람의 인생을 입체적으로 파악하고 기록하기 위해 여러가지 시도를 한다. 일상의 시시콜콜한 것을 묻는 것에서부터 진지한 삶의 철학을 나누는 일까지. 어린 시절부터 지금까지 살아온 과정을 연대기적으로 나열하듯 질문할 때도 있겠지만, 좀더 가늘고 촘촘한 물음을 통해 깊은 서사를 이끌어낼 수 있다. 그래서 만든 질문지가 바로 '나를 만나는 100가지 인터뷰 질문'이다.

다음의 질문 리스트를 통해 스스로 묻고 답하면서 글을 쓸 수도 있고, 대상을 세밀하게 알기 위해서 던지는 질문으로 사용할 수도 있다.
대단하고 그럴듯한 대답을 하는 게 중요한 게 아니다. 자신의 삶을 들여다보고 한 번쯤 되묻는 시간을 가져보라는 뜻이다. 어떻게 거울 한 번 들여다보지 않고 제대로 화장을 할 수 있겠는가. 눈썹도 그리고 아이섀도우도 칠하고, 꼼꼼하게 립스틱도 바르기 위해서는 얼굴이 잘 보이는 커다란 거울을 앞에 가져다 놓고 부분을 세밀하게 그려나가야 한다.

자서전을 쓰기 위해 고민하는 사람들 혹은 에세이처럼 자신의 인생을 글로 담고 싶어하는 사람들이 있다면 한 번쯤 100가지의 질문에 스스로 답하는 계기를 만들어보면 어떨까. 꼭 완성된 글로 쓸 필요는 없다. 혼자서 짧은 메모를 하거나 누군가와 대화하듯이 이야기 주제로 삼을 수도 있다.
질문의 순서는 큰 의미가 없기에 꼭 처음부터 답하지 않아도 된다. 자유롭게 건너뛰거나 눈에 띄는 질문부터 답을 해보면 된다.

001
나는 어떤 환경에서 안정감과 행복감을 느끼나요?

002
변화를 갈망했던 때는 언제인가요? 혹은 어떤 상황에서 변화를 원하나요?

003
책임감으로 삶이 무겁게 느껴졌던 일이 있다면?

004
나 스스로를 돌본다는 것은 어떤 뜻일까요? 나를 살피고, 돌보기 위해서 어떻게 하고 있나요?

005
'대화'를 뭐라고 생각하나요? 자신과의 대화를 통해서 얻게 되는 것이 있다면?

006
'괜찮아!' 이 말이 혹시 불편하게 느껴진 적은 없었나요?

007
요즘 마음이 어떠한가요? 이미지, 꽃, 동물, 자연물 등으로 표현해 본다면?

008
상대방에게 사랑을 표현하는 방법은 주로 무엇인가요? 함께하는 시간을 보내기, 무언가를 선물하기, 편지나 글로 전하기, 신체적인 접촉 등 무엇이 있나요?

009
타임머신이 있다면 돌아가고 싶은 순간이 있나요?

010
나의 이름 뜻은 무엇인가요? 그 의미를 곰곰이 생각하면서 앞으로 어떤 뜻을 담으며 살고 싶은지 적어 보세요.

011
지금까지의 삶을 점수로 1~10점까지 매겨본다면 몇 점이라고 할 수 있을까요? 그이유도 생각해 본다면?

012
내가 생각하는 행복은 무슨 색깔인가요? 행복을 색깔로 표현해본다면?

013
지금 내 가방은 어떤 것들로 채워져 있나요? 가방 안에 든 물건을 통해서 본 나는 어떤 사람인가요?

014
지금 당장 여행을 떠날 수 있다면 어디로, 누군가와 가고 싶나요?

015
지금껏, 아니 최근 받았던 선물 중 기억에 남는 것이 있다면?

016
오늘 하루 잘 선택했다고 생각하는 일은?

017
자신의 좋은 습관 한 가지를 소개해주세요.

018
앞으로 갖고 싶은 습관이나 루틴이 있다면 적어보세요.

019
슬프거나 힘들 때 이겨낼 수 있는 나만의 방법이 있나요?

020
살아가면서 닮고 싶은 사람이 있다면 누구인가요?

021
잊을 수 없는 가장 큰 사건이 있나요? 지금 막 떠오르는 그 일을 적어보세요.

022
매번 돌아오는 주말의 루틴이 있나요? 혹은 이번 토요일에 하고 싶은 일을 마음껏 해보는 상상의 글을 써보세요.

023
처음 만난 사람에게 알려주고 싶은 나의 모습이 있다면 무엇일까요?

024
자신에게 고마운 점을 3가지 이상 적어볼까요?

025
첫 소개팅이나 미팅에 관한 기억이 나나요? 과거 만났던 연인으로부터 배우거나 얻은 삶의 고마움이 있다면 무엇일까요?

026
스스로 생각하기에 자신의 신체 부위 중 특히나 소중하게 여기는 곳이 있다면?

027
여행을 하면서 무엇을 가장 많이 배우나요? 여행을 통해서 얻은 점이 있다면?

028
공식적인 일로 누군가를 처음 만나게 될 때 어떤 감정과 기분을 갖게 되나요? 혹시 힘들거나 어려운 점이 있다면?

029
나는 삶의 주인공으로 살고 있나요? 인생의 주인공으로 살기 위해서는 어떤 태도가 필요할까요?

030
즐겨 찾는 좋아하는 장소에 대해 알려주세요. 그 장소의 모습을 그려봅니다.

031
무언가를 키우고 길러본 경험이 있나요? 그 때의 일을 들려주세요.

032
학창시절 혹은 어릴 때 좋아했던 과목은 무엇이었나요?

033
좋아하는 음식, 혹은 잘 하는 요리가 있다면 무엇이 있나요?

034

삶이 우울하거나 기운이 떨어졌을 때 극복하기 위한 방법이 있다면?

035

감기에 걸렸을 때 나만의 비법 같은 처방전은?

036

극장에서 영화를 혼자 본 적 있나요? 있다면 그 때의 기분이 어땠나요?

037

혹시 길을 잃고 헤맸던 일이 있나요? 그 때 알게 된 사실이 있다면?

038

당신의 스무 살 하면 떠오르는 기억은?

039

엄마에게 하고픈 말 혹은 부모님께 못다한 이야기가 있을까요?

040

부모는 이 세상에서 어떤 존재일까요? 만약 부모가 된다면 (혹은 되었다면) 자신에게 어떤 말을 해주고 싶나요?

041

좋아하는 음악, 가수, 뮤지션이 있나요?

042

호되게 아팠던 적이 있을까요? 잃게 된 것, 그리고 얻게 된 것이 있다면?

043

깊이있고 성숙한 삶을 살기 위해서는 어떤 내면의 힘이 필요할까요?

044

취미생활로 하고 있는 일이 있다면? 어떻게 그러한 취미를 갖게 되고, 좋아하게 되었는지 과정을 이야기해보아요.

045
좋아하는 자연환경은 어떠한 곳인가요? 그곳에 있을 때 어떤 감정이 드나요?

046
밤마다 잠들기 전 하는 일상의 루틴이 있나요?

047
아침에 눈을 떠서 하는 일은 무엇인가요?

048
매일 먹고 마시는 일, 나에게 있어서 먹는 행위는 어떤 의미인지 적어볼 수 있나요?

049
혹시 마음으로 용서하지 못한 사람이 있을까요?

050
거울을 보면, 지금 내 얼굴과 몸에서 가장 눈에 띄는 부분이 어디인가요?

051
요즘 가장 편하게 신고 다니는 신발은 무엇인가요? 그 이유는 무엇인가요?

052
동네 단골 가게가 있다면? 어떻게 관계를 맺게 되었는지 이야기해보세요.

053
걷기 하면서 특별히 듣는 음악, 방송이 있나요? 혹은 걸을 때 주로 어떤 마음이나
감정으로 걷고 있나요?

054
요즘 가장 고민이 되는 것이 있다면?

055
가장 최근 읽었던 책, 그곳에서 얻은 구절이 있다면?

056
자주 사용하는 SNS는 어떤 것인가요? 페이스북, 인스타그램, 블로그 등 혹은 SNS
를 하지 않는다면 이유가 있나요?

057
누군가에게 선물할 일이 있을 때 주로 어떤 것을 선택하나요?

058
예술적인 사람은 어떤 사람일까요? 주변에 예술적인 사람, 누가 떠오르나요?

059
소유한 옷 중 가장 독특하고 특이한 스타일이 있다면?

060
어린 시절, 나에게 쓰고 싶은 편지에 담고 싶은 말이 있다면?

061
'마지막' 이라는 단어에서 어떤 감정이 드나요? 기억나는 '마지막'이 있다면?

062
정리와 정돈을 잘 하고 있나요? 요즘 가장 비우고 싶은 무언가가 있다면?

063
기차 여행에 대한 추억이 있나요? 기차를 타고 어디를 가고 싶나요?

064
삶에서 분노를 느끼는 순간이 있을까요?

065
내 인생 뜨거웠던 시절의 기억 한 조각을 말해주세요.

066
가질 수 없었던 꿈, 이룰 수 없는 꿈을 말해볼 수 있나요?

067
20대로 돌아간다면, 어떤 일, 직업을 택하고 싶나요?

068
혹시 수집하거나 모으는 물건이 있을까요? 또는 과거에 모았던 무언가가 있다면?

069
목걸이 한두 개쯤 있지 않나요? 자신이 가진 목걸이에 관하여 이야기해주세요.

070
나에게 라면은 어떤 음식으로 기억되나요? 주로 어떤 순간 라면을 끓이게 되나요?

071
어린 시절 기억나는 친구가 있나요? 지금은 만나지 못하더라도 나의 삶의 한순간
을 보냈던 친구에 대해서 이야기해주세요.

072
최근에 '떨림'이라는 감정을 느낀 순간은 언제였나요?

073
잘 챙기는 기념일은 어떤 날인가요? 생일, 결혼기념일, 크리스마스 등등

074
소소한 소원 리스트를 10가지 정도 작성해 본다면?

075
지금 당장 쓸 수 있는 1,000만원이 통장에 꽂힌다면 무엇에 쓰고 싶나요?

076
건강에 대한 목표를 정해본다면?

077
최근 갖고 싶다고 느끼거나 필요에 의해서 구매하고 싶은 리스트 목록에 넣어둔
물건 한 가지가 있다면?

078
운동을 배워본 적 있나요? 어떤 운동이었는지 이야기해주세요.

079
올 한 해 가장 힘들었던 기억이 혹시 떠오르나요?

080
주변으로부터 인정과 칭찬 받았던 일이 있나요?

081
모든 사람은 각자의 매력을 지니고 있습니다. 자신의 빛나는 매력이나 장점을 세상에 드러내기 위해 어떤 일을 해 보았나요?

082
커피나 차를 마시기 좋은 장소, 나만의 추천 장소가 있다면?

083
어떻게 책을 고르고, 읽나요? 책을 읽는 방법이 있다면?

084
최근 다녀온 장례식이 있나요? 장례식에서 스스로 마주한 감정이 있다면?

085
생을 마감할 때 주변사람으로부터 어떤 사람으로 기억되고 싶나요?

086
노후의 행복한 삶을 위해 지금 무엇을 준비하면 좋을까요? 자신이 생각하는 이상적인 노년의 어느 하루를 그려본다면?

087
내가 집에서부터 가장 멀리 떠났던 곳은 어디인가요?

088
환경에 잘 적응하는 편인가요? 아니면 힘들게 적응하는 편인가요?

089
내가 태어났을 때 주변 사람들은 어떠했을까? 상상해봐요.

090
어떤 항목에 돈을 아끼나요? '이럴 때 쓰는 돈은 아깝다'고 생각한 분야가 있나요?

091
자주 다니는 미용실이 있나요? 그곳을 선택한 이유, 그리고 헤어 스타일에 대한 나만의 생각은 무엇인가요?

092
비오는 날에 대한 잊지 못할 기억이 있다면 언제인가요?

093
부모로부터 내가 받은 유산이 있다면 무엇이라고 생각하나요? 정신적, 물질적 유산은 무엇인가요?

094
나 스스로 괜찮다고 느껴지는 순간이 있었나요?

095
사기를 당하거나 손해보았던 경험이 있었나요? 그것으로부터 배운 바가 있다면?

096
휴가 혹은 여행을 떠났을 때, 잊지 못할 에피소드가 있다면 그 중 한 가지를 소개해 주세요.

097
자신이 한없이 초라하게 여겨졌던 순간은 언제인가요?

098
스마트폰에 저장된 사진을 보면 나를 어떤 사람으로 생각할 수 있을까요?

099
유난히 배고픔을 느끼나요? 아니면 배고픔을 잘 참나요? 배가 고플 때 하는 행동이 있다면?

100
삶이 연극 무대라면, 나는 지금 어떤 연기를 하고 있는 배우라고 생각하나요?